CODE

DE

PROCÉDURE CIVILE,

SERVANT DE SUPPLÉMENT AU PROCÈS-VERBAL
DES SÉANCES DU CORPS LÉGISLATIF.

AVRIL 1806.

EXPOSÉS DES MOTIFS
PAR LES ORATEURS DU GOUVERNEMENT.

A PARIS,

DE L'IMPRIMERIE ORDINAIRE DU CORPS LÉGISLATIF.

EXPOSÉS DES MOTIFS

DES LOIS COMPOSANT

LE CODE DE PROCÉDURE CIVILE.

EXPOSÉ DES MOTIFS

DES *Livres* I.er *et* II.e *de la première partie du projet de Code de Procédure civile, présentés au Corps législatif,*

PAR M. TREILHARD, CONSEILLER D'ÉTAT.

Séance du 4 Avril 1806.

MESSIEURS,

SA MAJESTÉ nous a chargés de vous présenter aujourd'hui les deux premiers Livres de la première partie du Code de Procédure.

Que ce mot ne rappelle pas à vos esprits l'idée désastreuse de quelques formes antiques qui trop souvent étouffèrent la justice et ruinèrent les plaideurs.

Loin de nous ces vaines subtilités qui avaient introduit à Rome des formules particulières pour chaque action, et qui attachaient quelquefois en France, à l'omission d'un seul mot, la déchéance absolue d'une prétention avouée par la loi.

Ce n'est pas dans notre siécle qu'une formalité doit cacher un piége tendu à la bonne foi, et, sous l'empire du génie, les régles seront toujours d'accord avec la raison.

Du sein de vos délibérations s'est élevé un Code, qui, déjà, a obtenu l'assentiment des nations, présage infaillible du respect de la postérité : il faut pour le bonheur du peuple français que cet ouvrage soit protégé contre les efforts artificieux de l'intérêt et de la mauvaise foi.

C'est aux tribunaux que l'application en est confiée : c'est là, s'il est permis de le dire, que la loi est vivante en effet; mais n'y serait-elle pas souvent méconnue, si l'on ne traçait pas à l'instruction une marche fixe, et qui présente des garanties contre les erreurs et les surprises?

Tel est, Messieurs, l'objet d'un Code de procédure.

Un réglement est nécessaire pour les plaideurs qui s'égareraient facilement dans des routes obscures et inconnues; pour les magistrats qui, devant justice à tous, avec le même zéle et la même impartialité, ne peuvent ni retarder ni accélérer la marche d'une affaire, au gré de leurs passions ou de leurs caprices; pour l'ordre public toujours blessé, lorsque l'absence ou l'inobservation des régles peut faire supposer l'arbitraire ou la faveur.

En préparant la loi qui vous est présentée, ou a dû se préserver également et de la tyrannie des vieilles habitudes, dont même les meilleurs esprits ont tant de peine à se défendre, et des écarts de l'inexpérience, trop prompte quelquefois à condamner, parce qu'elle ne peut pas toujours se rendre raison de ce qui est bon et utile.

Il a fallu aussi se tenir en garde contre une manie de réforme, à craindre sur-tout dans une matière où tout le monde peut se croire en état de tracer des règles, et bien plus dangereuse encore quand elle s'empare d'une ame honnête, mais tourmentée d'une soif immodérée de perfectibilité.

De toutes parts s'élève un cri violent contre la complication des formes. Hé! sans doute il faut que les formes soient simples; mais, pour simplifier les formes, gardons-nous bien de les détruire.

Certes, dans un État où la volonté d'un seul fait la loi; où la loi peut être aussi mobile que cette volonté; où la délégation du pouvoir entraîne aussi la faculté de suppléer à la loi qui se tait, les formes sont nécessairement simples; les parties se présentent volontairement, ou sont amenées par la force; on les entend, ou, sans les entendre, on prononce.

Dans une société qui se forme, où la population est faible, et les relations peu multipliées et peu actives; où les mots de sciences, d'arts, de commerce, sont à peine connus, les différends ne peuvent être ni longs, ni fréquens; il sont simples nécessairement, et d'une solution facile.

Mais chez une nation nombreuse et puissante, livrée à tous les genres de travail et d'industrie, lorsque des masses considérables de citoyens se trouvent réunies sur le même point, au milieu d'un choc violent et perpétuel de besoins, de passions et d'intérêts de toute nature, il doit s'élever une foule de contestations et de contestations compliquées; il faut par conséquent des juges, beaucoup de juges, des juges instruits, probes, laborieux; sur-tout il faut dans les procès une marche fixe, qui ne permette pas l'arbitraire dans l'instruction, parce qu'il serait bientôt suivi de l'arbitraire dans le jugement.

Voilà un premier besoin, besoin encore plus vivement senti, quand une nation n'est pas étrangère à la formation de la loi, et lorsque la loi est en effet chez elle un garant assuré de la propriété.

Pour apprécier avec justice l'ouvrage qui vous est présenté, il faut ne pas se méprendre sur son objet.

On n'a voulu que tracer la marche des procédures.

Il ne s'agissait pas de faire une loi sur la compétence, ni d'indiquer des régles pour saisir un tribunal plutôt qu'un autre. Ces régles existent déjà, et leur application est facile.

Si, dans l'ordre ancien, il s'élevait sur la compétence des tribunaux des contestations si sérieuses et si multipliées, cet embarras tenait à des causes qui n'existent plus : il était la suite de cette multitude de juridictions qu'avaient entraînées les inféodations des droits de justice; de la vénalité des offices, qui, ayant fait des émolumens de la justice, une propriété du juge, donnait aux tribunaux le droit de revendiquer leurs justiciables ; d'une foule de tribunaux établis pour connaître de certaines natures d'affaires ; enfin, le mal tenait à une multitude de priviléges qui donnaient le droit d'échapper au juge naturel, et de réclamer un juge d'attribution.

Ces sources fécondes de procès sont taries ; nous ne pouvons saisir aujourd'hui que la justice paternelle du juge de paix, ou les tribunaux de première instance pour les affaires civiles, et les tribunaux de commerce pour les affaires commerciales : l'on a donc pensé qu'il ne fallait pas s'occuper d'un réglement sur la compétence dans une loi qui n'a pour objet que l'instruction.

Je crois devoir vous prévenir aussi, Messieurs, que vous ne trouverez dans le projet aucuns réglemens sur les frais, ni aucunes dispositions sur la police particulière des tribunaux. Non que le besoin de statuer sur ces objets ne soit très-urgent ; mais ils n'entraient pas dans le plan de la loi.

Il faut, avant tout, dissiper cette anarchie fatale (suite malheureuse mais inévitable, ou de l'absence, ou de l'opposition et de l'incohérence des lois), qui fatigue les tribunaux et désole les justiciables ; mais si l'instruction des procédures doit être uniforme sur toute la surface de l'Empire, il n'en est pas de même d'une taxe de frais, ou de l'ordre dans lequel les affaires seront expédiées dans chaque tribunal. On sent facilement, avec un peu de réflexion, que ces articles sont susceptibles de quelques modifications, d'après l'organisation particulière des tribunaux qui ne sont pas tous composés du même nombre de juges, et d'après la quantité et la nature des affaires portées à chaque tribunal ; peut-être aussi faut-il prendre en quelque considération le placement des tribunaux dans des cités plus ou moins populeuses.

Le Code ne pourra être mis en activité que dans un délai plus ou moins long, mais que vous fixerez. Il sera fait, avant cette époque, des règlemens d'administration publique, sur les frais, sur la discipline, sur le régime intérieur des tribunaux. Lorsque la pratique d'un petit nombre d'années aura convaincu que ces règlemens sont dignes de votre sanction, tout ce qui devra faire matière d'une loi vous sera présenté. Vous pouvez juger, Messieurs, du prix que SA MAJESTÉ attache à votre suffrage, par la longue préparation des travaux qui vous sont soumis.

C'est ici, je pense, le moment de dissiper, par une briève explication, quelques reproches élevés contre le projet du Code, avant même qu'il fût bien connu.

La loi se divise en deux parties : dans la première, vous trouverez les règles de l'instruction des affaires dans les tribunaux.

Dans la deuxième, on trace la marche à suivre dans beaucoup de circonstances qui peuvent ne pas donner lieu à des débats judiciaires, mais dans lesquelles le recours à l'autorité du juge est cependant nécessaire, comme, par exemple, dans les cas d'apposition ou de levée de scellés, d'un inventaire, d'une nomination de curateur à une succession vacante, et dans plusieurs autres cas de cette espèce :

un grand nombre d'articles était nécessaire pour tout prévoir, et il fallait absolument tout prévoir pour sortir de l'arbitraire et de la confusion.

Quelques personnes, qui ne jugeaient que sûr l'apparence, se sont hâtées de prononcer que la loi était trop longue.

Nous appelons avec confiance de cette décision indiscrète et prématurée à votre méditation sur l'ouvrage qui vous est présenté.

Le Code sera long, c'est vrai; mais il ne sera long que parce qu'il sera complet.

On a dû prendre une affaire dans son principe, lui faire subir tous les incidens que peut présenter l'instruction, et indiquer une marche pour tous les cas.

Jusqu'ici nous n'avions pas de loi qui eût embrassé toute la matière; les régles étaient disséminées dans l'ordonnance de 1667, dans une multitude de lois et de réglemens postérieurs, qui, n'ayant pas même prévu tous les cas, avaient laissé une porte ouverte à des usages particuliers, et par conséquent à beaucoup d'abus. Car il ne peut exister sur le même point plusieurs usages différens, sans qu'il y en ait beaucoup d'abusifs.

Grâces à la loi qui vous est présentée, nous aurons par-tout, et dans toutes les circonstances, une régle fixe et une instruction uniforme.

Si la loi est longue, parce que la matière est vaste, du moins vous serez convaincus que, sur chaque partie, on n'a dit que ce qui était nécessaire.

C'est dans cet esprit que le Code a été fait; et le Conseil d'Etat, et le Tribunat dont plusieurs membres se sont associés à nos discussions, nous avons tous fait la perquisition la plus sévère des procédures frustratoires et ruineuses; mais, en écartant sans retour tout ce qui était mauvais ou seulement inutile, nous avons conservé religieusement tout ce qui était essentiel : nous n'aurions pu porter plus loin notre sévérité sans nous rendre en quelque sorte coupables de toutes les injustices que les juges auraient pu commettre par le défaut d'une instruction que la loi n'aurait pas permis de leur donner.

Vous verrez, Messieurs, que tous les articles de ce Code se rapportent à un principe bien simple. Le demandeur doit expliquer sa prétention, le défendeur doit répondre; sans cette double faculté, comment le juge pourrait-il prononcer en connaissance de cause?

Mais, me dira-t-on, si la marche est si simple, comment la loi peut-elle être si volumineuse?

Je ne suis nullement surpris de cette question, quand elle est faite par des personnes qui, heureusement pour elles, n'ont jamais eu besoin d'approcher des tribunaux.

Pardonnez-moi quelques détails fort arides; ils pourront éclairer ceux qui sentent le besoin, et qui ont envie de l'être.

Nos constitutions ont établi deux degrés de juridiction; il faut bien que les erreurs et les surprises des premiers juges puissent être réparées : cette base de notre ordre judiciaire ne reçoit d'exception que pour des affaires d'un faible intérêt, et qui ne paraissent pas mériter les frais d'une instruction sur l'appel.

Il a donc fallu tracer des régles de procéder devant les tribunaux ordinaires, et devant les Cours.

Je parlerai de ces règles dans quelques instans, et je suppose actuellement l'affaire jugée en dernier ressort: ce n'est pas tout d'avoir obtenu un jugement, il faut l'exécuter. Or, il peut être pour cela nécessaire, dans bien des cas, de donner des cautions, de rendre des comptes, de liquider des fruits, des dommages-intérêts, des frais : chacun de ces articles fournit la matière d'un chapitre.

Si la partie condamnée était assez sage pour exécuter son arrêt, tout se trouverait terminé; mais si elle se refuse à l'exécution, il faut bien qu'on puisse l'y contraindre; on la contraint ou sur ses biens, ou sur sa personne; sur sa personne, par l'emprisonnement, dans les cas où la loi l'autorise; sur ses biens, par la saisie des meubles, des fruits, des rentes, même des immeubles: ce n'est pas le tout que de saisir, il faut vendre; il faut donc établir un mode qui donne aux acquéreurs sureté, à la partie saisie et aux créanciers garantie que le bien vendu sera porté à sa valeur, et qu'ils ne seront pas les victimes d'une poursuite rigoureuse, mais malheureusement nécessaire.

Quand la vente est faite, plusieurs créanciers peuvent se présenter pour en toucher le prix; ce prix peut être insuffisant pour acquitter toutes les charges : il faut donc, suivant la nature des créances, ou distribuer le prix par contribution entre tous les créanciers, ou établir entre eux l'ordre dans lequel ils doivent être payés suivant leurs priviléges ou leurs hypothèques.

Chacune des circonstances que j'ai remarquées, offre la matière d'un titre, et d'un titre très-important.

Ce travail vous sera présenté dans la suite, Messieurs, et vous aurez occasion de vous convaincre que nous avons toujours été fidelles au principe de simplicité déjà annoncé. Tout se réduit toujours à faire expliquer une demande, à entendre la défense, ou à établir des modes de publicité nécessaires dans plusieurs cas, comme dans les cas de vente, par exemple : vous trouverez que, dans cette partie de la procédure si excessivement dispendieuse autrefois, et que les praticiens regardaient comme une riche mine à exploiter, le projet offre des économies incalculables.

Je n'ai parlé jusqu'ici que des procédures qui peuvent devenir nécessaires, même après le jugement d'une affaire en dernier ressort : jetons un coup-d'œil rapide sur l'instruction indispensable pour parvenir à un jugement.

Sans doute, cette instruction serait fort courte si les deux parties se présentaient, et si elles exposaient leur affaire de bonne foi pour mettre le juge en état de prononcer.

Pourquoi cela n'est-il pas toujours ainsi ? je demanderai à mon tour : pourquoi tous les hommes, dans tous les états, ne font-ils pas toujours ce qu'ils devraient faire d'après les règles de la convenance, de la justice, du devoir, et même en consultant leur intérêt bien entendu? Pourquoi l'insouciance, l'impéritie, la mauvaise foi, l'aigreur, la haine, la puérile vanité et l'intérêt du moment, qui n'est pas toujours d'accord avec l'intérêt de tous les jours, influent si souvent et fortement sur les actions des hommes? Plusieurs de ces causes agissent peut-être encore plus impérieusement sur l'ame d'un plaideur; et nous ne devons pas être surpris qu'elles retardent et compliquent, dans beaucoup de cas, une marche qui devrait être simple.

Si le défendeur ne se présente pas, on prend contre lui un jugement par défaut: mais des causes légitimes ont pu l'empêcher de paraître: il était absent, l'assignation ne lui a pas été remise, l'homme qu'il avait chargé de se présenter a peut-être été instruit trop tard. Bien d'autres causes peuvent excuser son absence, il faut donc l'écouter quand il se présente; et on a dû tracer une marche sur les oppositions aux jugemens par défaut.

Voilà enfin les parties en présence: parcourons actuellement une procédure, en supposant tous les incidens qui peuvent survenir, mais qui néanmoins et très-heureusement ne se présentent pas dans la majeure partie des affaires.

C'est un étranger qui est demandeur; un Français ne doit pas être forcé d'entrer en lice avec un homme qui n'offre aucune garantie pour les condamnations qui seront prononcées contre lui. On peut donc exiger, avant tout, que le demandeur fournisse cette garantie en donnant une caution.

L'assignation est nulle; on peut en faire prononcer la nullité.

C'est un héritier, une veuve, une femme divorcée, qui sont assignés; la loi leur donne trois mois pour faire inventaire, et quarante jours pour délibérer sur la qualité qu'il leur convient de prendre : ils peuvent donc suspendre le cours de l'action jusqu'à ce que ce délai soit écoulé.

Le demandeur n'a pas donné copie du titre sur lequel il fonde sa prétention; le défendeur doit bien avoir le droit d'en demander la communication.

On assigne en vertu d'un écrit sous seing-privé dont l'écriture n'est pas reconnue; on ne peut s'empêcher de procéder à la vérification, et elle ne peut se faire que par piéces de comparaison, par experts ou par témoins.

Le défendeur soutient que l'acte est faux : on ne peut lui refuser le droit de le prouver et de s'inscrire, c'est-à-dire, de démontrer la fausseté.

Celui qui est assigné a un garant; c'est un acquéreur qu'un tiers évince; il faut bien qu'il puisse mettre son vendeur en cause.

Les parties articulent des faits qu'elles démentent respectivement: c'est le cas d'une enquête.

Elles ne sont pas d'accord sur la valeur de ce qui fait l'objet de la contestation; il faut une estimation , des experts.

La vue des lieux peut être nécessaire pour fixer l'opinion du juge; il ordonne son transport.

On veut tirer la vérité de la bouche même de son adversaire : c'est le cas d'un interrogatoire sur faits et articles.

Une partie meurt; il faut bien assigner l'héritier en reprise : ce n'est pas la partie, mais l'avoué qui est décédé : cet événement entraîne une demande en constitution de nouvel avoué.

La même demande a été portée dans plusieurs tribunaux par différentes parties; un réglement de juge devient donc nécessaire.

Un avoué a outrepassé ses pouvoirs; il faut bien qu'on puisse le désavouer.

Vous êtes frappés, Messieurs, du tableau effrayant de cette multitude d'incidens particuliers qui peuvent s'élever dans le cours d'une affaire : je pourrais agrandir le cadre et rendre le tableau encore plus effrayant; je l'eusse fait sans doute si j'avais pu me flatter d'arrêter sur le bord du précipice (je ne dis pas un plaideur de mauvaise foi, cela est impossible), mais un seul de ces hommes qui, exigeant rigoureusement tout ce qu'ils pensent leur être dû, ne sachant et ne voulant se relâcher sur rien, incapables d'aucune espèce de capitulation ni dans les grands, ni dans les petits intérêts, ne manquent pas une seule occasion de se précipiter dans les tribunaux, et courent gaiement et de bonne foi à leur ruine et à celle de leur famille.

Je ne m'étais proposé, quant à présent, que de vous donner une idée générale des causes qui compliquent une procédure, et qui ont nécessité un grand nombre d'articles dans le Code. Je crois avoir suffisamment rempli cet objet. Avant de passer à de nouveaux détails, je ne dois pas me dispenser de m'expliquer encore sur deux autres reproches adressés à cet ouvrage.

Si quelques personnes ont pensé, à la seule inspection du volume, que le Code était trop long, quelques autres, après l'avoir lû, ont trouvé qu'il était trop court : on prétend que la marche tracée sur chaque incident laisse quelque chose à désirer, parce qu'on n'y rappelle pas textuellement la règle générale de procédure qui peut recevoir son application dans le cas particulier.

Nous n'avons pas pu partager cette opinion; sans doute il a fallu, pour des cas qui sortent de la marche ordinaire, donner des règles qui leur soient propres; mais on n'a pas dû en faire davantage. Tous ces incidens se rattachent à l'affaire et rentrent ensuite dans la marche ordinaire de la procédure : nous devons supposer que les officiers ministériels auront étudié leur Code; qu'ils se seront pénétrés de ses dispositions, et que les juges auront aussi assez de fermeté pour qu'aucune procédure abusive ne soit passée en taxe.

Enfin on craint que les frais ne soient trop considérables.

Ah! sans doute, ils seront trop considérables, si la simplicité des formes prescrites est violée, si les délais fixés deviennent arbitraires, si les taxes et réglemens sont méprisés.

Mais pourquoi nous livrer à ces inquiétudes et à ces terreurs? devons-nous supposer qu'au moment où le Souverain veille avec tant de constance pour embrasser jusqu'aux derniers détails de l'administration ; au moment où les hommes de tous états et de toute profession semblent, pour ainsi dire, pleins de son esprit ; au moment où la moitié du globe suit la direction qu'il lui a imprimée, il se trouvera dans la nation française une nation particulière qui résistera à ses volontés justes et prononcées ?

Non, la loi sera exécutée, nous en avons pour garant le génie qui préside si constamment à sa formation, et plus encore cette admiration, cet amour dont les cris unanimes se font entendre sur toute la surface de l'Empire.

Au reste, il n'est personne, pour peu de connaissance qu'il ait de cette matière, qui ne doive être convaincu que toutes les sources des gains illicites et abusifs sont taries.

C'était sur-tout dans les expropriations, dans les contributions, dans les ordres, que l'abus était le plus révoltant ; mais tout a été réformé, il ne vous restera à cet égard aucun doute, lorsque les titres sur ces matières vous seront présentés.

Tant d'abus ne tombent pas sans résistance et sans clameurs de la part de ceux qui en profitent : sans doute ils ne mettront pas en avant la cause véritable de leurs cris et de leurs déclamations ; ils tâcheront toujours de la masquer sous la fausse apparence de quelque bien public ; mais la plainte se dissipe bientôt, quand elle n'a pas un fondement réel, et une institution, également éloignée et de la faiblesse et de l'exagération, s'élève et se consolide chaque jour.

Dans les procédures ordinaires, la grande partie des causes, je veux dire, toutes les affaires sommaires, se porteront à l'audience sans instruction préalablement écrite.

Dans toutes les autres causes, on ne passe en taxe que la demande et la défense. Si le grand nombre de pièces présentées et de questions agitées peut mériter que l'affaire soit mise au rapport, une requête de part et d'autre contiendra les moyens et les pièces. Il n'y a dans cette marche rien qui ressemble aux volumineuses instructions des procès par écrit. Etait-il possible d'élever l'édifice sur des bases plus saines?

Si l'on en croyait certaines personnes, on supprimerait toute espèce de procédures, comme si la décision des magistrats pouvait n'être précédée d'aucune instruction : on réduirait arbitrairement tous les droits, comme s'il pouvait exister dans l'État une classe d'hommes, qui seule donnerait gratuitement à ses concitoyens ses soins, ses peines, le fruit de son travail et de son expérience.

Comment peut-on se livrer encore à ces exagérations, après l'épreuve récente que nous avons faite? N'avait-on pas supprimé tous les avoués et toute la procédure dans un accès ou plutôt dans un délire de perfection? Qu'en est-il résulté? On n'a pas eu moins recours aux avoués, parce que l'ignorant et le paresseux seront toujours tributaires de l'homme laborieux et instruit : les avoués ne perdirent que leur titre, ils continuèrent de travailler

comme

comme fondés de pouvoirs; mais toute procédure étant supprimée, et l'avoué n'ayant plus d'action en justice pour des salaires légitimes, il se faisait payer arbitrairement, même avant d'avoir examiné l'affaire, beaucoup plus qu'il n'aurait obtenu par une taxe raisonnable de la procédure nécessaire qu'on avait supprimée, et jamais la justice ne fut plus chère.

C'est le plaideur qui en souffrit; j'observe, en passant, que la portion des droits qui aurait été acquise au trésor public sur les actes de la procédure, tourna entièrement au profit de l'avoué.

Ah ! sans doute, il faut déclarer une guerre ouverte aux hommes avides, aux exacteurs, aux concussionnaires : malheur à notre siècle si ce sentiment pouvait s'affaiblir ! mais ne commençons pas par une injustice même envers nos ennemis; soyons équitables d'abord, si nous voulons être sages réformateurs.

Que les citoyens trouvent dans chaque état un salaire juste et modéré de leurs peines; c'est alors que les pervers seront véritablement sans excuse, sans prétexte et sans appui; c'est alors aussi que des hommes probes ne repousseront pas un état qu'ils pourront exercer avec fruit sans blesser leur délicatesse.

Il est temps de vous entretenir plus particulièrement de la portion du Code que nous vous présentons.

Le 1.er livre a pour objet la Justice de paix, le 2.e les Tribunaux inférieurs, ce qui comprend ceux de première instance, et ceux de commerce.

La France doit l'institution des juges de paix à l'assemblée constituante; le besoin s'en faisait sentir universellement depuis long-temps; un magistrat, sous le titre d'auditeur, jugeait, à Paris, les causes légères, sans appareil, sans instruction écrite, sans frais, et les appels de ses jugemens étaient portés au Châtelet.

Nous avions aussi, depuis environ quarante ans, quelques bailliages autorisés à décider, au nombre de trois juges seulement, dans des audiences particulières et sans ministère de procureurs, des causes personnelles non excédant quarante francs; usage salutaire dont les bons effets furent universellement reconnus, et qui fut étendu en 1769, à tous les autres bailliages et sénéchaussées.

Il n'entre pas dans mon plan de rechercher chez d'autres peuples les traces d'établissemens pareils ou approchans. L'utilité ne peut en être méconnue, et l'assemblée constituante ne dut pas balancer à adopter et à étendre cette institution morale et bienfaisante.

Il ne s'agit pas ici d'en peser les avantages plus ou moins grands, ni de fixer la compétence de la justice de paix, nous ne devons nous occuper que de l'instruction.

Elle ne peut être trop simple, trop rapide, trop dégagée de formes: c'est bien ici que le plaideur doit approcher de son juge sans intermédiaire: ce magistrat est un arbitre, un père plutôt qu'un juge; il doit placer sa véritable gloire moins à prononcer entre ses enfans qu'à les concilier.

Ce livre contient neuf titres.

1.° Des citations. 2.° Des audiences du juge de paix, et de la comparution des parties. 3.° Des jugemens par défaut et des oppositions à ces jugemens. 4.° Des jugemens sur les actions possessoires. 5.° Des jugemens préparatoires et de leur exécution. 6.° De la mise en cause des garans. 7.° Des enquêtes. 8°. Des visites des lieux et des appréciations. 9.° De la récusation des juges de paix.

Les décrets de l'assemblée constituante contenaient deux autres titres; l'un sur les minutes et expéditions des jugemens, l'autre sur la taxe des frais; mais l'ordre à établir dans les greffes, et les taxes de frais n'entrant pas dans le plan de la loi, nous ne nous en sommes pas occupés dans ce moment. C'est, comme je l'ai déjà remarqué, l'objet d'un travail ultérieur.

Nous vous avons annoncé un titre sur les actions possessoires; ce titre manquait dans la loi de 1790; nous n'avons pas dû nous dispenser de rappeler quelques régles sur cette matière qui forme une partie si importante des attributions du juge de paix.

Ces régles ont pour objet le temps où l'action possessoire peut être exercée, la manière de prouver la possession, la défense de cumuler le possessoire et le pétitoire; l'obligation de la part du demandeur qui succombe au possessoire de satisfaire pleinement aux condamnations prononcées contre lui avant qu'il puisse être reçu à former sa demande au pétitoire, c'est-à-dire, à discuter le fond du droit.

Cependant cette obligation de la part du demandeur ne doit pas fournir à son adversaire un moyen d'éluder à son gré le combat sur le fond, et si celui-ci était en retard de faire liquider le montant des condamnations par lui obtenues, le juge du pétitoire fixerait pour cette liquidation un délai après lequel la demande au fond pourrait être admise; du reste les dispositions de ce titre n'ont rien de contraire à celles de l'ordonnance de 1667, et n'offrent rien qui puisse être susceptible du doute le plus léger.

La procédure indiquée dans les autres titres de ce premier livre n'a essuyé que quelques changemens de détails, car la marche générale ne devait pas être réformée.

Sur cette partie, comme sur toutes les autres, nous avons conservé tout ce qui nous a paru bon : nous n'avons pas aspiré à la vaine gloire de faire du nouveau; mais à la gloire solide de tracer une marche simple, peu dispendieuse, et qui conduise au but qu'on doit se proposer, c'est-à-dire, à la pleine instruction du juge, sans cependant accabler le plaideur sous des frais inutiles.

Nous avons supprimé la cédule qu'il fallait demander au juge de paix pour faire une citation devant lui.

Cette cédule, qui pouvait bien présenter quelques avantages sous certains points de vue, était devenue une affaire de pure forme; il eût été bien difficile d'empêcher que cela ne fût encore ainsi dans la suite. Cet inconvénient n'étant pas balancé par des avantages marqués, nous avons aboli l'usage de la cédule; nous avons substitué à cette formalité l'obligation de faire donner les citations par l'huissier du juge de paix, ou, en cas d'empêchement, par un autre huissier que le juge indiquerait : c'est un moyen infaillible de s'assurer que la citation a été donnée en effet.

C'était le greffier de la municipalité qui portait les citations, et quand il ne trouvait personne dans la maison, il affichait une copie à la porte : tout le monde s'accorde aujourd'hui à reconnaître l'illusion de pareilles affiches. L'huissier, dans ce cas, sera obligé de laisser la copie au maire ou à l'adjoint qui sont tenus de viser l'original sans frais.

Lorsqu'il y avait lieu d'entendre les témoins, la loi de 1790, après avoir ordonné qu'ils s'expliqueraient en présence des parties, laissait à celles-ci la faculté de proposer leurs reproches, soit avant, soit après la déposition.

Il a paru plus convenable de se rapprocher de la règle générale qui veut que les reproches soient formés avant la déposition, et qui n'admet après que les reproches prouvés par écrit.

Il est trop à craindre que des reproches fournis après la déposition ne se ressentent de l'aigreur qu'elle a pu laisser dans l'ame d'une partie ; et ces accusations tardives sont toujours suspectes.

Dans les causes non sujettes à appel, et jugées en dernier ressort par le juge de paix, celui-ci ne faisait écrire par son greffier ni la prestation de serment des témoins, ni les reproches fournis contre eux, ni leurs dépositions ; nous avons adopté la règle qui supprime le procès-verbal du greffier; mais il a paru convenable d'ordonner que le jugement énoncera les noms, âge, profession et demeure des témoins, leur serment, les reproches et le résultat des dépositions : il est bon qu'un jugement porte toujours avec lui la preuve de sa sagesse.

Nous avons appliqué la même règle dans le cas des opérations des experts, et nous avons voulu que les jugemens rendus en dernier ressort énoncent les noms des experts, la prestation de leur serment et le résultat de leur avis.

La loi de l'assemblée constituante ne connaissait que deux causes de récusations des juges de paix ; quand ils ont un intérêt personnel dans la contestation, ou quand ils sont parens ou alliés d'une des parties jusqu'au degré de cousin issu de germain inclusivement.

Sans adopter pour les juges de paix toutes les causes de récusation admises contre les autres juges, il nous a paru juste qu'une récusation fondée sur l'un des trois motifs que je vais énoncer, ne fût pas rejetée.

1.° Si, dans l'année qui a précédé la récusation, il y a eu procès criminel entre les juges et l'une des parties, ou ses parens ou alliés en ligne directe ;

2.° S'il y a procès civil existant entre le juge et une partie ou son conjoint ;

3.° Si le juge de paix a donné dans l'affaire un avis écrit. Il est bien évident qu'il ne peut alors prononcer comme juge sur une affaire dont il a connu comme conseil.

En introduisant ces trois nouvelles causes de récusation, nous avons restreint celle tirée de la parenté ou alliance au degré de cousin germain inclusivement; l'étendre plus loin, comme on l'avait fait en 1790, c'est se préparer trop d'entraves dans les lieux où le commerce est peu actif, où il s'établit peu de familles étrangères, où, par conséquent, les habitans sont presque tous parens et alliés à des degrés plus ou moins éloignés.

Je dois encore observer sur cet article de la récusation des juges de paix, qu'en adoptant les dispositions de la loi de 1790 sur la première procédure, nous avons beaucoup simplifié la procédure sur l'appel: le greffier enverra les pièces au procureur impérial du tribunal de première instance, et la cause sera jugée sans qu'il soit besoin d'appeler les parties. Toute la cause est en effet dans l'acte qui contient les motifs de la récusation et dans la réponse du juge à ces motifs. L'on ne peut, dans ces sortes d'affaires, avoir trop d'attention à ne pas prolonger sans nécessité une instruction qui ne produit que trop souvent un fond de ressentiment dans l'ame de ceux qui en sont l'objet.

Enfin nous avons pensé qu'il fallait établir une règle fixe sur l'exécution provisoire des décisions des juges de paix.

S'il arrive quelquefois qu'une personne justement condamnée abandonne, lorsque le jugement est exécuté, un appel qui serait inutile et ruineux pour elle, il peut aussi quelquefois arriver que l'exécution provisoire d'un jugement fasse un tort, peut-être irréparable, à celui qui cependant doit parvenir à le faire infirmer.

Sans doute la présomption est dans le principe

en faveur du jugement, mais enfin on ne doit pas donner trop d'effet à cette présomption.

La régle qui vous est proposée concilie tous les intérêts : les jugemens des juges de paix seront en général exécutoires, par provision; mais à la charge de donner caution; ainsi le grief qu'aurait pu faire cette exécution sera réparé, et les parties auront du moins cette espérance quand elles poursuivront l'infirmation d'un jugement. Les jugemens ne seront exécutoires sans caution que jusqu'à concurrence de trois cents francs, c'est-à-dire pour des objets qui ne sont pas d'une bien grande importance, et dans des cas où il est fort à désirer, même pour les parties, que les appels soient trés-rares.

En voilà assez, peut-être trop, sur ce premier Livre; je passe au second, des *Tribunaux inférieurs*, ce qui comprend les tribunaux de première instance et les tribunaux de commerce.

Les deux premiers titres de ce II.e Livre ont pour objet, l'un *la Conciliation*, l'autre *les Ajournemens*. Je m'en occuperai particulièrement, mais briévement; quant aux autres, je ne les prendrai pas tous séparément et en détail.

J'en formerai un petit nombre de classes, et je ferai sur chacune les observations dont elles me paraîtront susceptibles.

Le premier titre est celui de la conciliation.

Que cette idée était philantropique et salutaire de n'ouvrir l'accès des tribunaux qu'après l'épuisement de toutes les voies de conciliation! pourquoi faut-il qu'une si belle institution n'ait pas produit tout le bien qu'on devait en attendre, et que les effets aient si peu répondu aux espérances? pourquoi faut-il que le mal ait été assez grand, ou du moins le bien assez faible, pour que même de bons esprits proposent aujourd'hui la suppression des tentatives de conciliation?

Cette question a été agitée avec une maturité proportionnée à son importance. On a recherché avec soin les causes du faible succès de la conciliation. On s'est convaincu d'abord qu'en général elle avait plus réussi dans les campagnes que dans les villes, parce que, dans celles-ci, les habitans, plus à portée de conseils habitués à peser rigoureusement les droits plutôt qu'à calmer les passions, ne se présentant qu'avec des opinions déjà formées, sont par conséquent moins disposés à céder à la voix conciliatrice du juge. Mais l'inutilité de la mesure dans les villes, ne devrait pas être un motif pour la supprimer dans les campagnes, si elle y est utile.

D'un autre côté, si, dans plusieurs communes, la conciliation a été peu fructueuse, on n'a pu se dissimuler qu'elle avait produit les plus heureux effets dans d'autres; sur-tout lorsque la place de juge de paix a été occupée par des hommes que la droiture du cœur, la justesse d'esprit, des mœurs douces et conciliantes, l'estime générale enfin avaient recommandés à leurs concitoyens : on connaît des communes dans lesquelles il ne s'est pas élevé un seul différend depuis plusieurs années qui n'ait été assoupi par la sagesse du juge de paix.

On demandera : pourquoi ce bienfait n'a-t-il pas

été également acquis à toutes les parties de la France? vous prévenez ma réponse. C'est parce que, dans le temps de nos discordes, les magistrats n'étaient que trop souvent les hommes d'un parti et non pas les hommes de la Nation. On se demandait : de quel bord est le candidat? sans se demander jamais, est-il probe, est-il éclairé? a-t-il cette impartialité, ce courage qui doivent caractériser un magistrat? et le choix alors momentanée, pour ainsi dire, d'un juge de paix était livré aux calculs de l'intrigue qui avait à peine élevé un homme, qu'elle calculait sa chute et son remplacement, s'il ne se montrait pas un instrument servile.

Mais pourquoi partirions-nous d'un ordre de choses qui n'existe plus? pourquoi, lorsque le mode d'élection est soumis à des réglemens sages et à une surveillance salutaire, redouterions-nous un mal qui fut la suite de combinaisons aveugles ou perfides? pourquoi, sur-tout, craindrions-nous les erreurs des choix, lorsque personne n'échappe à l'œil perçant de l'aigle qui plane sur nos têtes?

Nous avons pensé unanimement qu'il fallait maintenir l'usage de la conciliation.

La loi de 1790 avait excepté de la règle générale les affaires qui intéressent la nation, les communes et l'ordre public : le motif de cette exception nous a paru s'appliquer aux mineurs, et en général à tous ceux qui ne sont pas capables de transiger; car le but de la conciliation est une transaction, et l'usage en serait quelquefois funeste à ceux qui, n'étant pas en état de défendre leurs intérêts, pourraient se trouver victimes d'un arrangement peu réfléchi.

On avait aussi fait une seconde exception pour les affaires de commerce qui ne pourraient, sans de graves inconvéniens, supporter les retards d'une tentative de conciliation.

Ce même motif nous a paru s'appliquer à plusieurs demandes qui requièrent célérité, et dont le détail se trouve dans le projet.

On ne devait pas soumettre à la conciliation des actions incidentes à un procès déjà existant, comme les interventions, les garanties, les *Vérifications d'écritures* et autres demandes de cette espèce.

Enfin, lorsque l'action du demandeur est dirigée contre plus de deux personnes, on a cru ne devoir pas exiger la citation préalable en conciliation : les défendeurs peuvent être domiciliés dans des lieux différens et éloignés ; devant qui citerait-on dans ce cas ? quelle perte de temps ! les avantages de la tentative ne seraient-ils pas alors presque toujours moindres que les inconvéniens ?

Deux points faisaient difficulté : quel est l'effet des conventions des parties au bureau de conciliation ? la citation en conciliation interrompt-elle la prescription ?

On a pensé, sur le premier, que ces conventions devaient avoir force d'obligation privée : on ne pouvait pas évidemment leur refuser cet effet, puisque deux hommes, jouissant de leurs droits, pouvant terminer entre eux leurs différends par un écrit privé, ne doivent pas être moins libres, parce qu'ils sont devant le juge. Le juge est un ange pacificateur, il s'efforce de calmer les passions, d'assoupir les haines; il éclaire les parties sur leur intérêt bien entendu, il leur montre l'abîme profond dans lequel elles vont se plonger; il persuade enfin la conciliation. Là se borne son ministère; dans ce moment, sa compétence ne peut pas s'étendre plus loin. On n'aurait pu attribuer aux conventions des parties le caractère d'un acte public sans porter une atteinte grave aux fonctions des notaires établis pour donner l'authenticité aux actes.

Sur la deuxième question, si la citation en conciliation interrompt la prescription et fait courir les intérêts d'un capital, on a pensé qu'on ne pouvait refuser cet effet à la citation; mais elle ne le produira qu'autant que la demande au tribunal de première instance sera formée dans le mois à dater du jour où le défendeur a paru ou a dû paraître au bureau de conciliation; disposition sage, sans laquelle on aurait pu prolonger indéfiniment les délais des prescriptions, en donnant successivement des citations en conciliation qui n'auraient aucune suite.

J'ai annoncé que je m'occuperais particulièrement du second titre *des Ajournemens*, non que je me propose d'arrêter votre attention sur les articles de ce titre, qui ne présentent ni difficultés, ni dispositions nouvelles, mais parce que l'exploit d'ajournement est la base, la pierre fondamentale de l'instruction, et que cet acte étant sujet à plus de formalités que tout autre, je dois vous démontrer qu'on n'y exige que l'absolu nécessaire.

Il faut bien que celui qui est assigné, sache pourquoi il est cité, par quel motif, à quel tribunal, à quelle époque, quel est l'avoué qui doit occuper pour le demandeur: l'exploit doit le dire.

Il faut bien s'assurer que le défendeur a eu connaissance de l'assignation ; par conséquent, l'exploit doit faire mention du nom, de la demeure du défendeur, et de la personne qui a reçu la copie.

Comment sera-t-on certain de la remise d'un exploit? par l'emploi d'un officier qui ait un caractère public : l'exploit doit en conséquence contenir les nom, demeure et immatricule de l'huissier.

S'il s'agit d'un héritage, peut-on se dispenser de le désigner d'une manière non équivoque? Hé bien, voilà l'exploit tout fait. On n'y veut pas d'autres formalités; et parmi celles qu'on exige, il n'en est aucune dont la personne la moins versée dans ces matières ne sente parfaitement la nécessité.

Je ne parlerai actuellement de quelques articles de ce titre que pour faire connaître que, jusque dans les moindres détails, nous avons porté une attention sévère.

L'huissier sera tenu de mettre le coût de l'exploit au bas de son original et de la copie remise à la partie; nous nous sommes assurés de l'exécution de cet article, en mulctant l'huissier, s'il y manque, d'une amende payable par lui à l'instant où il présentera l'acte à l'enregistrement.

Il a été pourvu à ce que les parties ne fussent pas grevées par les frais onéreux d'un transport d'huissier dans des lieux éloignés de sa résidence.

L'huissier sera garant des nullités de son fait, disposition juste, mais nouvelle. Pourquoi exerce-t-il un état qu'il ne sait pas remplir? Il ne pourra instrumenter pour ses parens et alliés jusqu'au degré de cousin issu de germain inclusivement.

Ce titre présente au surplus des règles précises sur le lieu où les exploits doivent être donnés, et sur la personne à qui ils sont remis, ainsi que sur les délais des assignations : c'est sur-tout le défaut ou l'incertitude de la règle qui sont fâcheux en cette matière : il ne pourra plus désormais exister de doute, la loi s'est expliquée avec précision et clarté.

Je ne dois pas quitter ce titre sans vous faire observer une disposition qui s'écarte de la règle ancienne, mais qui sera utile dans beaucoup de cas, et ne pourra jamais être nuisible.

Les assignations données à des personnes domiciliées hors de France, mais remises à leur personne en France, n'emporteront que les délais ordinaires; il fallait auparavant essuyer toujours les mêmes délais que si l'exploit avait été donné au domicile de la partie en pays étranger, ce qui pouvait souvent devenir très-préjudiciable au demandeur.

Il peut arriver quelquefois, il est vrai, que la personne citée ait besoin pour sa défense de faire venir des pièces et des instructions. Cela dépend beaucoup de la nature de l'affaire; il eût été par conséquent dangereux d'établir une régle absolue, et qui dût recevoir son exécution dans tous les cas: aussi a-t-on inséré dans l'article une disposition pour autoriser le tribunal à prolonger le délai, *s'il y a lieu;* par cette sage modification aucun intérêt particulier ne peut être compromis.

Je me hâte d'avancer dans mon exposé; tous les autres titres du livre dont nous nous occupons, peuvent se rapporter à deux ou trois points capitaux.

On trace d'abord la procédure la plus ordinaire, c'est-à-dire, dans le cas où les deux parties comparaissent et s'expliquent sans aucun incident particulier.

On examine ensuite ce qu'il faut faire quand le défendeur ne comparaît pas; on parcourt enfin tous les incidens particuliers que peut subir une affaire; les régles sur la comparution des défendeurs, sur l'instruction de la procédure contradictoire, et sur le jugement, sont tracées dans les cinq titres suivans.

Tout a été prévu pour rendre la procédure plus simple, plus courte et moins dispendieuse, toute formalité inutile a été abolie et toute procédure superflue supprimée.

Ainsi, plus d'actes de présentation au greffe, plus de défauts aux ordonnances; la partie constitue avoué, signifie ses défenses, le demandeur répond, et l'affaire est jugée.

Aucune autre écriture ni signification ne peut entrer en taxe; on ne pourrait pas en exiger moins sans doute sans compromettre l'intérêt de l'une ou de l'autre des parties, et le scrupule pour la destruction des abus a été porté si loin qu'on a fait un article exprès pour ordonner qu'il ne sera passé en taxe qu'un seul acte d'avoué pour la citation à l'audience; on sait assez que par un abus répréhensible on donnait, de part et d'autre, au grand détriment des plaideurs, une foule de ces actes appelés vulgairement *avenir*.

Si une affaire est trop chargée de pièces pour que la discussion à l'audience dût être trop longue, et trop embarrassante, le tribunal pourrait ordonner une instruction par écrit; mais calmez vos inquiétudes sur l'abus: cette mesure n'a rien de commun avec les anciens appointemens: l'instruction se borne, de part et d'autre, à une requête contenant les moyens et l'état des pièces produites; si l'une des parties avait ensuite d'autres pièces à présenter, la production nouvelle devrait être faite par un simple acte sans qu'il fût passé en taxe ni requête ni écritures.

Il existait autrefois, et j'aime à croire qu'il n'existe plus aujourd'hui, un abus très-coupable: celui qui avait gagné sa cause et obtenu les dépens, faisait quelquefois, après le jugement, insérer dans sa pièce d'écriture des cahiers de prétendus moyens qui n'avaient pas été signifiés; cela sera désormais impossible par la précaution prise d'ordonner que

les

les avoués déclareront au bas des originaux et des copies de toutes leurs requêtes, le nombre de rôles dont elles sont composées; cette déclaration sera aussi énoncée dans l'acte de produit, à peine de rejet de la taxe.

Si je connaissais moins, Messieurs, votre zèle ardent pour l'ordre public, je craindrais de m'arrêter sur des détails si minces, si arides; mais rien de ce qui peut être utile, n'est petit ou étranger pour vous. Je n'hésite donc pas à vous faire observer encore que les délais pour la signification des écritures autorisées, pour la prise en communication des pièces, pour leur rétablissement au greffe, ont été nettement fixés, que l'on s'est assuré, par de sages dispositions, que la loi serait exécutée sur ce point comme sur tous les autres. Ainsi, à défaut de réponse dans le délai prescrit, on procède au jugement, comme si la réponse avait été signifiée; la partie n'avait rien à dire, puisqu'elle n'a rien dit: à défaut de rétablissement des pièces prises en communication, l'avoué sera contraint par une amende pour chaque jour de retard, même par corps s'il y a lieu; enfin, Messieurs, nous n'avons rien négligé pour résoudre avec sagesse le grand problème que le législateur doit se proposer dans un Code de procédure, c'est-à-dire, de faire instruire les causes dans le moins de temps, et avec le moins de frais possible, en laissant toutefois une latitude convenable à la défense.

En s'occupant de l'instruction des affaires, on n'a pas dû perdre de vue l'obligation d'en communiquer plusieurs au ministère public, ni la manière dont elles doivent être présentées à l'audience.

Toutes les affaires dans lesquelles l'ordre public peut être intéressé, seront communiquées; il est sensible que, dans cette classe, doit se trouver tout ce qui touche, soit les établissemens publics, soit l'ordre des juridictions, soit les personnes qui ne sont pas en état de se défendre elles-mêmes : le titre IV présente l'énumération de cette espèce d'affaires; mais on a cru nécessaire d'y insérer un article pour autoriser les procureurs impériaux à prendre connaissance même des autres causes, quand ils penseront que leur ministère pourra y être intéressé; les tribunaux pourront aussi ordonner cette communication d'office.

Quant aux audiences, je n'ai pas besoin de dire qu'elles seront nécessairement publiques, et que ceux qui y assistent doivent se tenir dans le silence et dans le respect. Malheur au juge qui, n'étant pas pénétré de la dignité de ses fonctions, oubliant qu'il a l'honneur de rendre la justice au nom de l'Empereur, aurait la coupable faiblesse de souffrir des murmures et des mouvemens irrespectueux! la loi l'arme d'un pouvoir; il rendra compte également et de l'emploi qu'il en aura fait, et de l'emploi qu'il aurait dû en faire.

La défense est de droit naturel; ainsi toute partie peut avoir le droit de se défendre elle-même; mais il faut que l'usage de ce droit ne blesse les intérêts de personne; l'expérience a prouvé qu'il devenait quelquefois une arme bien funeste au plaideur lui-même; le tribunal peut donc lui en interdire l'usage ; je ne saurais mieux vous faire connaître l'esprit dans lequel l'interdiction doit être prononcée, qu'en mettant sous vos yeux l'article même.

« Pourront les parties, assistées de leurs avoués, » se défendre elles-mêmes : le tribunal cependant » aura la faculté de leur interdire ce droit, s'il » reconnaît que la passion ou l'inexpérience les » empêchent de discuter leur cause avec la décence » convenable, ou la clarté nécessaire pour l'ins- » truction des juges. »

Il est arrivé plusieurs fois que des juges et des procureurs impériaux se sont chargés dans des tribunaux, autres que le leur, ou même dans leur propre tribunal, dans des causes dont ils n'étaient pas juges, de la défense de l'une des parties : de graves inconvéniens peuvent être attachés à cet usage; sommes-nous bien assurés que notre main tiendra une balance égale, quand nous prononcerons aujourd'hui, comme juges, sur le sort de celui que nous défendions hier comme client? Quand nous aurions cette certitude, est-il aussi obligé de l'avoir, le malheureux plaideur, qui voit assis au milieu de ses juges le conseil de son adversaire ?

Ces considérations, qu'on pourrait fortifier de beaucoup d'autres, ont déterminé un article portant prohibition aux juges, procureurs impériaux, substituts, de se charger de la défense des plaideurs, soit verbale, soit par écrit, soit encore à titre de consultation. Vous prévoyez bien, Messieurs, que cette disposition ne peut s'appliquer aux causes personnelles des juges ou à celles de leurs femmes, parens ou alliés en ligne directe, ou à celles de leurs pupilles; la défense est alors un devoir.

J'ai dit que les plaidoiries étaient nécessairement publiques : ce principe est sacré. Vous concevez cependant qu'il peut exister des affaires d'une telle nature, qu'elles ne pourraient être plaidées publiquement sans un grand scandale et sans un notable inconvénient; la publicité serait alors une véritable calamité. Nous avons pensé que, dans ces cas infiniment rares, le tribunal pouvait, comme jadis, ordonner qu'une affaire serait plaidée à huis-clos; mais nous avons pris des précautions contre l'abus de cette exception salutaire. Le tribunal doit particulièrement délibérer sur cet objet, et rendre compte des motifs de sa délibération au procureur général impérial, ou au grand-juge, si la cause est pendante dans une Cour d'appel.

Quand la cause est plaidée, le juge prononce. Le titre VII a pour objet le jugement : je n'arrêterai pas vos regards sur des règles trop connues; qu'on juge à la pluralité des voix; que s'il se forme beaucoup d'opinions, les plus faibles en nombre sont tenus de se réunir aux deux principales; qu'on peut se retirer à la chambre du conseil pour délibérer; qu'en cas de partage, il faut plaider de nouveau en appelant ou un juge, ou un suppléant, ou un ancien avocat pour vider le partage, etc.

Je me bornerai à faire remarquer les dispositions de la loi sur trois objets sur lesquels il ne convenait de laisser aucune incertitude.

Le juge ne peut accorder des délais pour l'exécution des condamnations qu'il prononce, que dans les cas où il y est autorisé par la loi, et par un seul et même jugement : ce serait ouvrir la porte à des procédures frustratoires que d'autoriser les demandes tardives afin d'obtenir un délai ; des officiers ministériels peu instruits, ou peu délicats, pourraient ainsi faire deux causes et obtenir deux jugemens, quand il ne doit y avoir qu'un jugement et une cause.

En permettant au juge d'accorder des délais, il a fallu pourvoir à ce que cette faculté ne devînt pas funeste à celui qui exerce une poursuite légitime. Sur ce point comme sur beaucoup d'autres, la loi doit compter sur la sagacité et sur la prudence du juge ; mais enfin quand le délai est accordé, on ne peut méconnaître qu'il doit cesser au moment où les suretés du créancier sont compromises, soit par le fait de son débiteur, soit par les poursuites d'autres créanciers, soit enfin par toute autre cause.

Il n'a pas été moins nécessaire de s'expliquer nettement sur les cas où la contrainte par corps peut être prononcée ; elle doit l'être toutes les fois que la loi l'ordonne ; mais il est des cas où il a paru convenable et utile, non pas de l'ordonner, mais de la permettre : ces cas ont dû être et ont été déterminés avec précision. C'est pour dommages et intérêts en matière civile au-dessus de trois cents francs, pour reliquats de comptes de tutelle, curatelle, administration de communauté, d'établissemens publics ou d'autres objets confiés par justice.

On a cru devoir prendre un sage milieu entre les anciennes lois qui prononçaient la contrainte par corps, et les dernières qui la refusaient.

Il peut y avoir tant de variété dans les circonstances, que la contrainte par corps, nécessaire et juste dans une espèce, pourrait être trop rigoureuse dans l'autre.

La faculté laissée aux juges maintiendra les tuteurs, curateurs et autres comptables, dans une circonspection qui ne peut être que salutaire à des pupilles ou à des établissemens qu'on doit protéger.

Enfin, on a dû, dans le titre des jugemens, établir des régles fixes sur leur exécution provisoire : on a distingué les cas où cette exécution doit être ordonnée, et les cas où elle n'est que facultative.

Elle doit être ordonnée sans caution, quand la condamnation a pour cause un titre authentique, une promesse reconnue, ou un précédent jugement qui n'est pas attaqué. Il est bien évident alors que la condamnation est juste et bien appliquée.

Il est d'autres cas où l'exécution provisoire n'est que facultative; ils sont exprimés dans l'article 135 si nettement, qu'il ne restera aucun aliment à la subtilité, si voisine de la mauvaise foi : il me suffit de vous dire que tous ces cas requièrent célérité, et par ce motif, l'exécution provisoire d'un jugement peut être alors ordonnée, avec ou sans caution, suivant les circonstances : il ne faut pas, en effet, que celui qui se trouverait hors d'état de fournir une caution, soit privé du bienfait de l'exécution provisoire, quand elle est reconnue nécessaire.

Cette première mesure est suivie d'une seconde plus efficace encore.

Les jugemens par défaut, quand il n'y a pas d'avoué constitué, devront toujours être exécutés dans les six mois, sinon ils seront réputés comme non avenus. Pourquoi s'empresse-t-on d'obtenir un jugement, si l'on ne veut pas s'en servir?

L'opposition de la part du défaillant sera recevable jusqu'à l'exécution; pour couper court à toute espèce de subtilité, on a dû définir ce qu'on entend par exécuter un jugement; l'exécution n'est réputée faite qu'après un acte nécessairement connu de la partie défaillante. Jusques là celle-ci peut se rendre opposante au jugement; la déclaration qu'elle s'oppose, suspend toute poursuite; ainsi disparaîtra pour toujours la possibilité d'une procédure frauduleuse et clandestine, dont l'effet était d'égorger un citoyen qui ne pouvait se défendre; ainsi sera extirpé jusque dans sa racine un mal qui, jusqu'à ce jour, avait résisté à tous les efforts employés pour le détruire.

Quelques personnes semblaient craindre que la précaution de faire signifier par un huissier, commis à cet effet, les jugemens rendus contre la partie qui n'a pas d'avoué en cause, n'altérât la confiance dans le ministère des huissiers, et ne tendît à diminuer la portion de considération due à cet état.

Ces inquiétudes sont mal fondées, et l'on tirerait une conséquence peu juste d'une mesure très-sage.

Sans doute, l'exercice pur et sans tache de tous les états, assure des droits à l'estime publique. Est-ce un motif pour fermer les yeux sur les abus dont on est le témoin, et pour empêcher qu'on y porte le remède? Si des officiers peu délicats peuvent gémir des précautions que nous avons prises, je ne crains pas de le dire, tous ceux qui méritent en effet de l'estime se féliciteront d'une règle qui dissipera sans retour des nuages fâcheux élevés sur une profession qu'ils honorent.

On trouvera encore dans le même titre *des Jugemens par défaut*, la réforme de plusieurs autres abus moins funestes dans leurs conséquences.

Quand il y aura plusieurs parties non comparantes, on ne pourra pas prendre contre chacune un jugement, il suffira d'un seul contre toutes. Les actes par lesquels on s'oppose à un jugement devront contenir les moyens d'opposition qui ne peuvent être présentés plus tard, sous peine d'être rejetés de la taxe.

Je passe quelques autres détails peu importans, et je me hâte de faire connaître les titres qui suivent; ils ont pour objet les divers incidens qui peuvent s'élever dans l'instruction d'une affaire; j'en ai déjà donné une idée, et j'ose me flatter qu'elle est encore présente à votre esprit. Sans doute, tous ces incidens, aperçus en masse, offrent un coup-d'œil effrayant; mais je vous prie de considérer que fort heureusement la marche de la très-grande partie des affaires n'en est pas embarrassée; il n'en a pas moins fallu établir des règles pour des cas qui peuvent se présenter.

Je distingue ces incidens en deux classes: les uns que je nomme très-improprement incidens, ne sont que des exceptions contre la demande. Les autres, plus sérieux, introduisent, pour ainsi dire, une seconde affaire, quelquefois plus grave que la première.

Je ne dirai qu'un mot des incidens de la première classe, ou plutôt des exceptions.

Les exceptions de caution à fournir de la part de l'étranger, ou de renvoi devant le juge compétent, doivent être présentées préalablement à toutes les autres : celles tirées des nullités d'un exploit sont couvertes, si elles ne sont pas proposées avant toute autre défense ; enfin, les exceptions dilatoires doivent être annoncées cumulativement : toutefois ceux à qui la loi accorde un délai pour délibérer sur la qualité qu'ils doivent prendre, comme l'héritier, par exemple, peuvent ne proposer leurs exceptions qu'après l'expiration de ce délai.

Je ne parle de ces détails que pour faire remarquer en passant qu'on n'a négligé aucune précaution pour s'assurer que le temps ne sera pas inutilement consumé ; que les procédures ne seront pas grossies par des présentations successives d'exceptions qui doivent toujours être proposées ensemble, quand il est possible de le faire.

Les incidens les plus importans de la seconde classe sont les *Vérifications d'écritures*, les inscriptions de faux, heureusement très-rares, les enquêtes qui le sont moins, les rapports d'experts.

Une ordonnance du mois de juillet 1737 avait établi des régles sur le faux incident et sur la *Vérification d'écritures;* cette loi avait pour objet la révision des titres de l'ordonnance de 1670, *de la Reconnaissance des écritures ou signatures privées, et du faux principal ou incident:* déjà vous pressentez qu'une partie des dispositions d'une loi qui se rattachait à l'ancienne procédure criminelle, ne peut entrer dans notre instruction sur la *Vérification des écritures,* et sur le faux incident en matière civile.

Mais en écartant tout ce qui peut tenir à une forme d'instruction criminelle si opposée à la nôtre, il reste des règles très-sages sur le mode de vérification, et sur l'apport et le choix des pièces de comparaison : nous nous sommes emparés de ces dispositions, en les dégageant de tout ce qui eût pu embarrasser notre marche sans éclairer le juge.

Ainsi, quand il sera question de vérifier une écriture privée, un jugement ordonnera cette vérification ; elle sera faite par titres, par experts ou par témoins.

Si la preuve de la vérité ou de la fausseté était acquise par titres, la cause serait bientôt terminée ; mais ce n'est pas ce qui arrive le plus communément : il faut souvent recourir aux experts et aux témoins ; l'instruction devient alors plus longue.

Les experts ne peuvent procéder que sur des pièces de comparaison, ou sur un corps d'écriture qu'ils ont dicté et qu'ils ont vu se former. Nous ne nous sommes pas dissimulé tout ce qu'on a dit sur la science conjecturale des experts. Hé ! sans doute, on peut quelquefois ne pas acquérir avec ce secours une démonstration complète ; mais lorsqu'une partie dénie une écriture, lorsqu'il n'existe pas de titres pour en prouver la vérité ou la fausseté, il faut bien, de toute nécessité, avoir recours aux experts ou aux témoins, ou à tous les deux, s'il est possible.

Les témoins aussi ne forment pas une preuve d'un dégré de force tel que la justice pourrait le désirer ; elle est cependant contrainte de les écouter.

Au reste, la conviction du Magistrat s'opère par la réunion de toutes ces preuves, et ce qui pourrait manquer dans l'une pour une parfaite démonstration, peut-être supplée par ce qui résulte de l'autre. Encore une fois, on admet et l'on se contente du concours des trois preuves, par titres, par experts et par témoins, parce qu'il est impossible d'en imaginer une quatrième ; et que, dans la nécessité de prononcer sur le sort d'une pièce soutenue vraie d'une part, soutenue fausse de l'autre, on est bien forcé de se déterminer par les seules espèces de preuves que la matière peut comporter.

Les principales règles de cette procédure consistent, 1.° dans le dépôt de la pièce inculpée et dans le procès-verbal qui en constate l'état ; 2.° dans le choix des pièces de comparaison qui doivent être, ou convenues par les parties, ou admises par le juge qui doit rejeter toutes celles dont l'écriture ou la signature ne sont pas incontestables ; 3.° dans la formation d'un corps d'écriture qui, nécessairement, doit être dicté par les experts et écrit en leur présence ; 4.° dans l'audition des témoins à qui l'on doit représenter les pièces pour qu'ils les paraphent, afin qu'il n'y ait ni erreur ni incertitude sur l'objet de leur déposition.

Ces régles sont accompagnées des dispositions convenables pour assurer l'apport et la conservation des pièces de comparaison, soit qu'elles se trouvent entre les mains de particuliers, soit qu'elles existent dans un dépôt public. La plupart de ces régles trouvent leur application dans le titre du faux incident civil, dont je vais m'occuper.

Nous avons d'abord écarté l'obligation de consigner une amende préalable pour obtenir la permission de s'inscrire. Cette consignation nous a paru au moins peu convenable; pourquoi donc payer d'avance pour user d'un moyen avoué par la loi? nous avons écarté, avec encore plus d'empressement, la disposition de l'ordonnance de 1737 portant *qu'en aucun cas il ne serait donné copie ni communication des moyens de faux au défendeur;* disposition adaptée à l'acienne procédure criminelle qui paraissait toute dirigée contre l'accusé qu'on traitait d'avance comme un coupable, ou comme un ennemi.

La marche que nous avons tracée est d'une grande simplicité et toute civile; si la partie persiste à vouloir se servir de la pièce arguée de faux, on en dresse l'état et on la dépose.

Le demandeur en faux signifie ses moyens; le défendeur répond; et la cause est portée au tribunal qui admet ou rejette les moyens de faux.

Sont-ils admis? la preuve se fait par titres, par experts ou par témoins, et la procédure rentre dans celle sur la vérification d'écritures.

Quand l'instruction est achevée, le jugement se poursuit sur un simple acte.

J'ai dit qu'il n'y avait pas de consignation d'amende préalable, et que l'instruction était toute civile; mais le demandeur qui succombe est condamné à une amende et aux dommages et intérêts de son adversaire; et si de la procédure résultent des indices de faux contre des personnes vivantes, le président du tribunal délivre contre eux des mandats d'amener; ils sont poursuivis suivant les régles de notre Code criminel.

Enfin, dans une pareille matière, l'ordre public est toujours intéressé; les parties ne sont pas libres, par des conventions privées et secrétes, de faire disparaître les traces d'un crime et de soustraire les coupables aux peines qu'ils ont encourues: aucune transaction ne peut être exécutée qu'après une homologation en justice, sur les conclusions du ministère public, qui doit veiller sans cesse, parce que le crime ne dort jamais.

Le titre sur les Enquêtes, quoique composé d'un grand nombre d'articles, ne peut ni éprouver difficulté ni donner lieu au moindre doute.

Le jugement qui ordonne une preuve, contient les faits admis et la nomination du juge devant qui la preuve doit être faite.

La loi régle les délais pour commencer et pour terminer l'enquête, les déclarations et les sermens à faire par les témoins, la forme des procès-verbaux, la nature des reproches qu'on peut admettre, le moment où ils doivent être proposés, la manière de les prouver; tout enfin est prévu : j'abuserais de votre patience si je m'appesantissais sur ces détails.

La loi présente aussi un titre sur les rapports d'experts ; vous remarquerez une disposition nouvelle : ces rapports seront toujours faits ou par un seul expert, si les parties y consentent, ou par trois experts, jamais par deux.

Dans l'usage ordinaire, chaque partie nommait son expert, qui se constituait le défenseur de celui de qui il tenait sa mission, sans pouvoir s'élever jamais à la hauteur de ses fonctions, bien plus nobles en effet ; car des experts sont une espéce d'arbitres qui doivent se dépouiller de tout intérêt, de toute prévention pour préparer, par leurs lumiéres, les décisions impartiales des magistrats.

Aussi arrivait-il toujours que les deux experts étaient divisés ; la nomination d'un tiers et un nouveau rapport devenaient nécessaires ; de là, perte de temps, multiplication de procédures, frais énormes.

La nouvelle régle est plus simple ; un expert seul, si les parties le désirent, ou trois experts ; mais toujours faculté aux parties de convenir entre elles du choix, et alors les experts reçoivent leur mission de tous les intéressés ; si les parties ne s'accordent pas la nomination est faite d'office.

Aprés avoir réglé le nombre des experts et le mode du choix, le titre indique la marche qu'ils doivent tenir et la forme de leurs rapports : il ordonne, avec beaucoup de sagesse, qu'on ne présentera

tera qu'un seul résultat; mais s'il y a eu diversité d'avis, les raisons en seront indiquées sans faire connaître l'opinion particulière de chaque expert.

Les titres suivans jusqu'au 23, donnent des règles sur quelques autres procédures particulières dans des cas qui peuvent se présenter, comme s'il est nécessaire d'une descente du juge sur les lieux, ou si l'une des parties veut faire interroger l'autre sur faits et articles; le juge peut permettre cet interrogatoire; mais c'est une faculté dont sa prudence doit régler l'usage: je n'ai rien à observer sur ces titres, ni sur les demandes en reprise d'instance, ou en constitution de nouvel avoué quand l'avoué ou la partie sont décédés.

Les titres sur le désaveu d'un avoué qui a agi sans pouvoir sur les demandes en règlement des juges lorsque plusieurs tribunaux se trouvent saisis de la même affaire, sur celles en renvoi pour cause de parenté ou alliance, sur la péremption d'instance par discontinuation de poursuites pendant trois ans, offrent des règles si précises, si simples, mais en même temps si forcées, qu'il suffit de les lire pour les justifier.

Un seul point doit être remarqué, c'est la cause du renvoi à un autre tribunal pour parenté ou alliance. Le renvoi pourra être demandé si la partie a dans un tribunal de première instance deux parens ou alliés au degré de cousin issu de germain inclusivement, ou trois parens ou alliés au même degré en cour d'appel; ou lorsque la partie, étant elle-même membre du tribunal, elle a encore, aux mêmes degrés, un parent en première instance, ou deux en cour d'appel.

Si l'on peut n'avoir aucun égard aux craintes imaginaires d'un plaideur toujours disposé à l'inquiétude, on ne doit pas mépriser également des appréhensions qui peuvent avoir un fondement. Sans doute la majeure partie des juges, tous peut-être, sont capables de s'élever au-dessus de toute affection du sang et de toute considération d'intérêt de famille, mais enfin la position d'un plaideur mérite, dans ce cas, d'être prise en quelque considération; il serait trop cruel de ne pas lui offrir les moyens de porter son affaire à un autre tribunal.

J'arrive au titre de la Récusation.

On a cru ne devoir pas conserver l'usage de la récusation péremptoire ou sans motif. Elle avait été admise par des raisons bien plus spécieuses que solides. L'expérience a prouvé qu'elle n'était presque toujours employée que pour éloigner, par une injure gratuite, le juge dont on redoutait le plus la pénétration et l'intégrité. Au moins doit-on reconnaître qu'elle peut avoir cet effet, et dès-lors elle doit être aussi dangereuse dans certains cas, qu'on la supposerait utile dans d'autres; et, comme il est évident qu'il n'y a aucun moyen possible d'en régulariser l'usage, on a dû la rejeter.

Les causes de récusation sont retracées dans la loi, elles ne sont pas nouvelles; ce n'est pas sur ces causes qu'on peut être divisé; mais la forme de l'instruction sur cet incident peut être plus ou moins parfaite.

Il me semble que celle proposée doit remplir son objet : cette espèce d'affaire, toujours un peu fâcheuse, sera jugée promptement, sans éclat et bien en connaissance de cause.

Celui qui récuse met au greffe un acte contenant ses motifs : dans les vingt-quatre heures, un jugement, ou rejette la récusation si elle est inadmissible, ou ordonne, 1.° la communication au juge pour s'expliquer sur les faits dans un délai fixé ; 2.° la communication au ministère public, avec nomination d'un rapporteur, et indication du jour où sera fait le rapport.

Le juge récusé fait sa déclaration au greffe à la suite de l'acte de récusation ; s'il convient des faits, il est ordonné qu'il s'abstiendra ; s'il n'en convient pas, le tribunal, ou rejette la récusation ; ou l'admet, si les faits paraissent suffisamment prouvés ; ou enfin ordonne la preuve des faits.

Lorsque la récusation est jugée, l'appel doit être interjeté dans les cinq jours ; après ce délai il n'est plus recevable. L'acte d'appel doit être passé au greffe, et contenir ses motifs. Les pièces sont envoyées, dans les trois jours, au greffier de la Cour d'appel, qui, dans un pareil délai, est tenu de les remettre au tribunal : un rapporteur est nommé ; un jour indiqué et sur les conclusions du ministère public, l'affaire est jugée sans appeler les parties dont tous les moyens se trouvent nécessairement dans l'acte de récusation, d'une part, et dans la déclaration du juge, de l'autre.

Enfin, me voici parvenu aux deux derniers titres de ce Livre : celui *des Matières sommaires* et *celui de la Procédure devant les tribunaux de commerce.*

C'est sur-tout dans l'instruction des matières sommaires que nous avons pu abréger les formes.

Le premier article de ce titre présente l'énumération des affaires qu'on peut regarder comme matières sommaires : tels sont les appels des juges de paix, les demandes pures personnelles, quand il y a titre non contesté ; les demandes provisoires ou requérant célérité ; enfin les demandes en paiement de loyers, fermages et rentes.

Vous remarquerez déjà, Messieurs, que ces affaires forment la grande partie de celles portées devant les tribunaux, et il n'échappe pas à votre sagacité, qu'elles sont précisément celles qui peuvent intéresser la classe la plus nombreuse, comme la moins fortunée des citoyens.

La nature de ces sortes d'affaires, presque toujours d'une solution facile, a permis ici de supprimer toute forme, toute instruction écrite ; elles seront portées à l'audience sur un simple acte. S'il faut entendre des témoins, c'est à l'audience qu'on fera l'enquête, et dans la même simplicité que les enquêtes devant les juges de paix. Que n'a-t-il été possible d'appliquer ces règles à toutes les autres affaires ! Mais la sagesse consiste, non à tenter sans choix et dans tous les cas la même espèce de bien, mais à assurer, dans chaque position, l'espèce de bien dont elle est susceptible.

Le titre de la procédure devant les tribunaux

de commerce, dernier objet qui doit nous occuper, n'exige aucun développement particulier : ici tout est simple, tout est rapide ; point d'avoués, il ne fait pas d'intermédiaire entre le commerçant qui plaide et le commerçant qui prononce sur une affaire de son état ; tout doit être, tout est sommaire ; l'équité, la bonne foi, sont la base de tous les jugemens ; il serait fort à désirer que les parties pussent toujours être entendues contradictoirement et en personne.

Vous connaissez actuellement, Messieurs, les deux premiers Livres du Code que nous avons été chargés de vous présenter ; vous avez vu la marche générale de la procédure devant la justice de paix et devant les tribunaux inférieurs. J'ai fait passer sous vos yeux tous les incidens et toutes les variations que peut subir une affaire : vous êtes sans doute bien convaincus que l'instruction sera toujours simple, et que jamais nous ne nous sommes écartés de cette base, qu'il faut entendre celui qui demande et celui qui conteste, avant de prononcer.

Vous avez certainement remarqué que les articles des différens titres qui vous sont soumis n'étaient pas tous précisément et uniquement destinés à marquer un pas dans la procédure : il a fallu quelquefois remplir dans nos lois des lacunes qui auraient suspendu toute la marche de l'instruction : on ne l'a fait qu'avec une lente et sage circonspection ; et je me plais à publier hautement que, sur ce point comme sur tous les autres, nous devons beaucoup aux observations sages et multipliées des membres du Tribunat.

Sans doute, notre travail n'est pas parfait, mais j'ose dire qu'il l'est autant qu'il puisse l'être, et que l'exécution y fera reconnaître bien des avantages qui doivent être peu sensibles aujourd'hui. J'observerai seulement que, si quelques critiques nous reprochent une surcharge de procédure, d'autres se plaignent au contraire de l'excessive simplicité de la procédure que nous avons conservée ; ainsi nous pouvons nous flatter d'avoir évité les extrêmes si rarement d'accord avec la sagesse.

Cependant, ne nous dissimulons pas que le succès du Code dépendra beaucoup et de l'autorité à qui son exécution est confiée, et de la conduite des officiers ministériels qui le pratiqueront chaque jour.

Quelques personnes semblent mettre peu de prix à l'instruction plus ou moins grande des officiers ministériels : que ceux qui tiennent ce langage ont peu réfléchi sur ce qui les entoure ! Hé ! chez qui donc se présentera l'homme sans fortune, l'homme de campagne menacés d'avoir un procès ? entreprendra-t-il un long voyage pour s'approcher d'un jurisconsulte distingué ? le connaîtra-t-il même de nom ? et lorsqu'il ira frapper à sa porte, ce jurisconsulte, que je supposerai toujours orné de toutes les vertus de son état, pourra-t-il, distrait par une multitude d'affaires d'un haut intérêt, prodiguer toujours son temps et ses soins à des affaires courantes et sans éclat ?

Ne fermons donc pas les yeux sur ce dont nous sommes sans cesse les témoins : l'homme de campagne, l'homme sans fortune sont presque toujours forcés de s'adresser d'abord à un avoué, parce qu'il se trouve plus près d'eux. Mais quel malheur si cet officier manque de lumières ou de délicatesse; s'il flatte la passion d'un client; s'il lui montre comme certain un succés presque toujours douteux et souvent impossible; s'il le pousse enfin dans l'abîme d'un mauvais procès.

Oh! combien de ruines consommées par la perfidie ou par l'ignorance d'un premier conseil!

Puissent des officiers si souvent appelés par état à guider les premiers pas d'un plaideur infortuné, se pénétrer fortement de toute l'importance de leurs fonctions! Puissent-ils ne jamais perdre de vue cette considération touchante, cette estime profonde qui entourait plusieurs modèles que le siècle dernier a produits! Puissent ces exemples entretenir une noble émulation parmi ceux qui fournissent la même carrière, et préparer encore de nouveaux modèles à nos neveux!

Mais si le succès du Code peut dépendre en partie de la conduite pure et éclairée des officiers ministériels, il dépendra sur-tout des tribunaux, témoins assidus de la manière dont la loi est exécutée.

Ne craignons pas de le dire, les abus en cette matière ne peuvent pas s'introduire et se perpétuer sans qu'il y ait de la part des magistrats au moins faiblesse ou négligence; quand la loi est violée, ils sont en quelque manière complices de l'infraction qu'ils tolérent, sur-tout en matière de procédure; parce qu'ils ne peuvent se dissimuler un abus qui se pratique sous leurs yeux, et que la répression est toute entière en leur pouvoir.

Je sais, Messieurs, que les désordres dont on se plaignait doivent être rejetés en grande partie sur l'insuffisance des lois, sur le défaut ou l'incohérence des réglemens; sur une multitude d'usages que le temps semblait avoir légitimés et qu'on respecte toujours un peu malgré soi, quoiqu'on en reconnaisse les vices.

Mais toutes ces causes vont disparaître; aucun obstacle désormais ne pourra rallentir le zèle des magistrats.

Osons donc nous flatter, pour l'avenir, que les lois seront entièrement exécutées.

Hé! dans quel temps eut-on plus de motifs pour former cet espoir? Quand les magistrats durent-ils brûler d'un zèle plus pur et plus ardent? Furent-ils jamais couverts d'une faveur plus éclatante, et les cendres du jurisconsulte-magistrat, que ses longs travaux et ses connaissances profondes avaient porté au faîte des honneurs, n'attestent-elles pas à tout l'Univers que le Souverain sait apprécier également tous les talens et tous les services?

N'en doutons pas, Messieurs, ce grand exemple sera toujours présent aux citoyens de tous les états; guerriers ou magistrats, nous ne disputerons tous que de zèle à seconder, dans le poste où la Providence nous a placés, le vœu profond de Sa Majesté qui ne respire que pour la stabilité de la gloire et du bonheur du Peuple français.

EXPOSÉ DES MOTIFS

Des Livres III et IV de la première partie du projet du Code de Procédure civile, présentés au Corps législatif, par M. BIGOT-PRÉAMENEU, *Conseiller d'Etat.*

Séance du 7 Avril 1806.

MESSIEURS,

LE III.e et le IV.e livres de la première partie du Code de procédure civile vont être soumis à votre délibération.

L'un a pour objet l'appel des jugemens et l'instruction sur l'appel;

L'autre, les voies extraordinaires pour attaquer les jugemens : elles sont au nombre de trois : la tierce opposition, la requête civile et la prise à partie.

De l'Appel.

Je n'ai point ici à examiner si l'usage de l'appel des jugemens, doit, en France, son origine à l'intention de diminuer l'autorité des seigneurs pour augmenter et concentrer la puissance royale : il suffit que, malgré l'utilité d'abréger les procès, il n'y ait aucun doute sur l'utilité plus grande encore de conserver, au moins dans les affaires d'une certaine importance, un recours à la partie qui peut avoir été injustement condamnée.

Subordonner les premiers jugemens à l'appel, c'est donner une garantie qu'ils seront rendus avec une plus scrupuleuse attention. La justice distributive est, comme sauve-garde de l'honneur et de la propriété, le premier besoin des peuples; il suffit que l'appel soit un moyen de plus de s'assurer qu'elle sera rendue, pour que cette forme de procéder doive être conservée.

Il faut seulement, pour qu'il n'en résulte pas d'abus, rechercher quelles peuvent être les règles les plus convenables sur le délai pour appeler, sur les effets de l'appel et sur une instruction aussi simple qu'il soit possible.

Tout jugement établit une obligation au profit d'une partie contre l'autre; les obligations ne se prescrivent que par trente ans; la partie au profit de laquelle le jugement a été rendu, doit donc avoir trente ans pour l'exécuter.

Peut-on de ce principe conclure que le débiteur condamné doive aussi avoir le même temps pour interjeter appel?

Cette conséquence, toute fausse qu'elle est, avait été admise avant l'ordonnance de 1667, et elle a même été depuis, malgré les dispositions de cette loi, maintenue dans plusieurs parties de la France.

Cependant le premier devoir de tout débiteur est d'acquitter ses engagemens; celui contre lequel un jugement a été rendu est donc tenu ou de remplir sans délai l'obligation que ce jugement lui impose, ou de présenter, par le moyen de l'appel, et aussitôt que cela lui est possible, les motifs sur lesquels il croit que les premiers juges l'ont injustement condamné.

De la faculté d'appeler, il ne résulte point que le jugement n'ait formé qu'une obligation imparfaite, et qu'il reste encore un droit éventuel dont la durée doive être de trente ans pour l'une comme pour l'autre partie.

La propriété de celui dont le droit a été reconnu légitime étant consacrée par le jugement, il ne peut plus, à son égard, être question d'acquérir par prescription cette propriété contre son adversaire. Les règles de la prescription ne peuvent donc point s'appliquer au recours que la loi donne contre un jugement.

Sans doute, la partie condamnée doit, pour être déchue du droit d'appeler, avoir été constituée en demeure. Mais n'est-elle pas constituée en demeure par la signification du jugement, signification dans laquelle on exprime, et qui, lors même qu'on ne l'exprimerait pas, emporte, de droit, la sommation de l'exécuter? On ne saurait, contre une preuve aussi positive, dire qu'il soit encore permis de présumer que celui qui a sommé d'exécuter le jugement, consente à ce que cette exécution soit différée : il n'y a donc de délai juste que celui qui doit être regardé comme nécessaire à la partie condamnée pour prendre conseil et pour préparer ses moyens d'appel.

Les auteurs de l'ordonnance de 1667 semblent avoir craint ce qui est arrivé, au moins dans une partie de la France, c'est-à-dire, de faire une loi qui ne serait point exécutée, s'ils réduisaient, d'après ces principes, l'ancien délai, autant qu'il eût dû l'être : ils le fixèrent à dix ans. Il est vrai qu'en même temps, ils firent une exception en faveur de celui qui, ayant obtenu le jugement, aurait fait à son adversaire une sommation d'appeler; mais ils ne voulurent pas que cette sommation pût être faite avant trois ans depuis la signification du jugement, et ils donnèrent encore à la partie condamnée, pour interjeter son appel, six mois depuis la sommation.

Il n'était pas juste que celui qui, déjà par la signification d'un jugement, avait sommé de l'exécuter, fût tenu de provoquer un second procès. Ne lui permettre l'itérative sommation qu'après un délai de trois ans, c'était l'exposer à ranimer par un nouveau défi des passions qu'un aussi long-temps avait dû éteindre : les six mois qu'on lui donnait depuis l'itérative sommation, eussent été seuls un délai plus que suffisant.

Quoique l'ordonnance de 1667 n'eût pas, dans la fixation des délais, établi une balance juste entre les parties, cependant c'était un grand pas vers un meilleur ordre, et il serait difficile d'expliquer comment les anciennes idées pour le délai de trente ans, avaient, en plusieurs lieux, prévalu sur l'autorité de la loi.

On pourrait, en toute rigueur, dire que celui qui a succombé a eu le temps de prévoir la possibilité de sa condamnation, et que le moindre délai pour appeler doit suffire.

Dans la législation romaine, le plus long délai a été de dix jours : cette régle a été adoptée avec quelques modifications dans le Code prussien ; elle ne conviendrait pas dans un Empire aussi grand que la France.

On avait trouvé une juste mesure dans la loi du 24 août 1790, qui ne permet pas de signifier l'appel d'un jugement après l'expiration de trois mois, à dater du jour de la signification à personne ou domicile.

Il n'est personne qui ne reconnaisse que ce temps suffit pour délibérer si on doit interjeter appel et pour s'y préparer. Aucune disposition de nos lois nouvelles n'a eu un assentiment plus général ; elle est de nouveau consacrée dans le Code de procédure.

Il n'était mention, ni dans l'ordonnance de 1667, ni dans les lois postérieures, de la manière dont l'intimé doit se pourvoir par appel, s'il croit que ses intérêts soient lésés dans le jugement. Cependant il faut, en établissant des régles sur les délais d'appel, déclarer si l'intimé sera sujet aux mêmes délais, et si la signification qu'il aurait faite du jugement, sans protestation, pourra lui être opposée.

Les délais de l'appel ont été limités pour que le sort de celui contre lequel on peut l'interjeter, ne reste pas trop long-temps incertain. Ces délais fixés contre l'appelant, ne sont plus à considérer en sa faveur, lorsque, par l'appel, il a remis en question ce qui avait été jugé. Dès-lors le droit réciproque d'appel n'est pour l'intimé, pendant ce nouveau combat judiciaire, que celui d'une légitime défense.

Cette défense ne saurait lui être interdite, lors même qu'il aurait signifié le jugement sans protestation. C'est l'appelant qui, par son propre fait, change la position et l'intérêt de son adversaire. Le plus souvent, les droits respectifs des parties ont été justement balancés par des condamnations réciproques. L'intimé qui a signifié le jugement sans protester, pouvait être disposé à respecter cette intention des premiers juges; mais lorsque, par l'appel, on veut rompre cet équilibre, la justice demande que, pour le maintenir, l'intimé puisse employer le même moyen.

On a eu encore à réparer une omission très-importante des précédentes lois.

Celle de 1790 n'avait appliqué ses dispositions sur les délais de l'appel qu'aux jugemens contradictoires, sans statuer à l'égard de ceux rendus par défaut; ainsi les anciens réglemens sur le délai de l'appel des jugemens de cette dernière classe, n'ont point encore perdu leur empire, et, dans une partie de la France, ce délai est de trente ans.

On a dû, à l'égard de ces jugemens, songer non-seulement au temps nécessaire pour l'appel, mais encore prendre des précautions particulières, pour que la partie condamnée par défaut en ait connaissance.

Ce double objet a été rempli, en ordonnant que

le délai pour interjeter appel des jugemens par défaut sera de trois mois, à compter du jour où l'opposition ne sera plus recevable.

Or, suivant une autre disposition du Code, l'opposition contre les jugemens rendus par défaut sera recevable pendant la huitaine, à compter du jour de la signification à l'avoué qui aurait été constitué: lorsqu'il n'y aura point eu de constitution d'avoué, l'opposition sera recevable jusqu'à l'exécution du jugement. Après avoir fait ainsi cesser toute inquiétude sur ce que les parties condamnées pourraient, par l'infidélité des huissiers, ou même par d'autres accidens, n'avoir eu aucune connaissance de la condamnation, il n'y avait plus aucune raison pour que le délai de trois mois ne courût pas à l'égard des jugemens par défaut, comme à l'égard de ceux rendus contradictoirement.

L'ancienne législation avait admis plusieurs exceptions à la règle générale sur le délai de dix ans pour l'appel.

Ce délai était double lorsqu'il s'agissait des domaines de l'église, des hôpitaux, des colléges; il ne commençait à courir contre les mineurs, que du jour de la majorité.

Il est vrai que les intérêts de l'Etat et des établissemens publics, ceux même des mineurs, ne sont que trop souvent compromis par négligence ou par infidélité: il est, à leur égard, des précautions nécessaires; mais il n'est point indispensable de leur sacrifier, par des délais trop longs, l'intérêt des citoyens qui ont à défendre des droits opposés. Le but est de s'assurer que la religion des juges soit éclairée, sans que le cours de la justice soit arrêté.

On propose, à l'égard des mineurs, un nouveau moyen de sureté, sans prolonger le délai de l'appel. Le Code civil donne à la fois aux mineurs un tuteur et un subrogé tuteur. Ce dernier est chargé d'agir pour les intérêts du mineur, lorsqu'ils sont en opposition avec ceux du tuteur. Pour que la négligence qui souvent a des effets irréparables ne soit plus à craindre, on exige que tout jugement sujet à l'appel, soit signifié tant au tuteur qu'au subrogé tuteur, lors même que ce dernier n'aurait pas été en cause. Le subrogé tuteur n'est pas alors chargé de la défense du mineur pendant l'appel; mais il sera, comme le tuteur lui-même, responsable, s'ils laissent passer le délai de trois mois depuis la signification qui leur aura été faite, sans avoir pris les mesures prescrites par la loi, pour savoir si l'appel doit être interjeté, et sans l'avoir interjeté.

Par le Code civil, l'interdit est assimilé au mineur pour sa personne et pour ses biens.

On a d'ailleurs adopté une mesure qui mettra de plus en plus l'État, les établissemens publics, les mineurs et les interdits, à l'abri des surprises qui seraient faites à la justice. Ils seront admis, ainsi qu'on l'expliquera dans la suite, à se pourvoir par requête civile, lorsqu'ils n'auront point été défendus, ou lorsqu'ils ne l'auront pas été valablement.

Celui

Celui qui demeure hors de la France continentale, doit avoir les trois mois pour délibérer s'il appellera, et ensuite le temps nécessaire pour transmettre ses instructions : c'est celui fixé pour répondre aux ajournemens.

Quant aux personnes domiciliées en France, mais absentes du territoire européen de l'Empire, pour un service public, l'ordonnance de 1667 s'était bornée à déclarer que les délais prescrits pour l'appel, ne seraient point observés à leur égard, de manière qu'ils ne commençaient à courir contre eux, que quand la cause de leur absence avait cessé.

La faveur due au service public, n'est point un motif suffisant pour que celui dont la cause a été trouvée juste, reste ainsi dans une incertitude dont il n'y ait aucun terme.

Les absens pour le service public désigné par la loi, auront le temps ordinaire de trois mois, et en outre celui d'un an : c'est le delai accordé à ceux qui demeurent dans les pays les plus lointains. Il est sans doute encore à craindre que les personnes ainsi employées ne puissent pas être averties à temps ; mais ce délai, fût-il plus long, l'inconvénient ne serait pas entièrement prévenu, et on ne doit pas sacrifier le bien général, par la crainte d'un inconvénient très-rare.

On a encore à prévoir le cas où la partie condamnée décéderait pendant le délai de l'appel.

Quoique les héritiers représentent le défunt, il n'en est pas moins nécessaire de leur signifier de nouveau un jugement dont ils peuvent n'avoir eu aucune connaissance personnelle, ou dont les papiers trouvés dans le domicile de ce défunt, ne leur auraient découvert aucunes traces ; ils ne doivent point être privés du délai que le Code civil leur donne, pour délibérer s'ils accepteront, ou s'ils répudieront la succession ; pendant ce délai, celui de l'appel sera suspendu.

On a, d'une autre part, écarté en faveur de l'appelant une difficulté que lui faisait souvent éprouver l'ignorance des noms et des qualités des héritiers. Le jugement pourra leur être signifié collectivement et sans désignation individuelle.

L'ordonnance de 1667 avait aussi exigé la signification du jugement aux héritiers, mais elle leur avait de plus accordé, pour l'appel, un délai de six mois, qui ne commençait à courir que du jour de la sommation d'appeler, et cette sommation ne pouvait être faite qu'un an aprés l'expiration du délai pour faire inventaire et pour délibérer: c'était une suite du système abusif de longs délais pour l'appel.

Enfin il peut arriver qu'un jugement ait été rendu sur une pièce fausse, ou qu'une partie n'eût pas été condamnée, si elle eût pu représenter une pièce décisive retenue par son adversaire.

La partie condamnée aurait, dans ce cas, si le jugement était en dernier ressort, la voie de la requête civile; mais lorsque le jugement est susceptible d'appel, la partie qui a profité du faux, ou retenu la pièce, s'est elle-même rendue non-recevable à opposer que le délai de l'appel soit expiré.

Ce temps ne devra courir que du jour où le faux aura été, soit reconnu, soit juridiquement constaté, ou du jour que la pièce aura été recouvrée.

On a exigé que le jour où la pièce a été recouvrée, fût constaté par écrit; telle serait la preuve résultant d'un inventaire après décès. Il eût été contraire aux principes établis par le Code civil, sur la preuve testimoniale, de faire dépendre de simples témoignages l'autorité qu'a un jugement après le délai de l'appel.

Toutes ces règles sur les délais de l'appel des jugemens sont simples; elles ne nuisent à l'intérêt d'aucune des parties, et nulles dispositions du Code de procédure ne contribueront davantage à l'abréviation des procès.

La loi atteindra encore un but utile en s'opposant à un grand nombre d'appels, qui sont présumés n'avoir pour cause que le premier ressentiment qu'une condamnation fait naître. Les auteurs de la loi du 24 août 1790 ont eu, à cet égard, une idée très-heureuse, lorsqu'ils ont réglé que, pendant la première huitaine depuis le jugement, on ne pourrait ni l'exécuter, ni en interjeter appel. Ils ont donné aux mouvemens, qui d'abord agitent un plaideur condamné, le temps de se calmer et de se rendre à la réflexion dont il a besoin pour décider, avec sagesse, s'il exécutera le jugement, ou s'il l'attaquera.

Il a seulement été indispensable d'excepter les jugemens exécutoires par provision. Ces condamnations seraient le plus souvent sans effet, si l'exécution pouvait être retardée. D'un autre côté, il peut être utile à la partie condamnée de faire sur-le-champ connaître son recours aux juges supérieurs, afin que son adversaire mette lui-même plus de réflexion en faisant des poursuites, dont le résultat est encore incertain.

La même loi de 1790 déclarait déchu de l'appel, celui qui en avait signifié la déclaration avant que le délai de huitaine depuis le jugement, fût expiré. Priver la partie condamnée du droit d'appeler, par le seul motif qu'avant de prendre ce parti, elle n'avait pas laissé s'écouler le temps de la réflexion prescrit par la loi, c'était une rigueur excessive et que le Code n'admet point.

La loi veille non-seulement à ce qu'il n'y ait point d'appels irréfléchis, mais encore à ce qu'il n'y en ait pas de prématurés ou d'inutiles. Tels seraient les appels des jugemens qui ne font que régler la procédure. Ces appels peuvent être fondés sur ce que les premiers juges auraient ordonné une procédure, ou entièrement inutile, ou trop longue, ou même contraire à la marche indiquée par la loi. Mais si ces moyens d'appel, ou d'autres semblables, pouvaient, avant que le jugement définitif fût rendu, être portés devant le tribunal supérieur, on verrait autant d'appels que de jugemens d'instruction, et il en naîtrait un désordre qu'il serait impossible d'arrêter.

Il en doit être autrement, lorsque les premiers juges prononcent un interlocutoire qui préjuge le fond. La partie qui, dans ce cas, se croit lésée par un jugement dont elle a les suites à redouter, ne doit point être obligée d'attendre le jugement définitif. Elle pourra également se pourvoir contre les jugemens qui auraient accordé une provision.

Il y avait eu quelque variation dans la jurisprudence, sur le point de savoir si l'on devait se pourvoir au tribunal de cassation, ou si l'on pouvait interjeter appel, lorsqu'un jugement qualifié en dernier ressort avait été rendu par des juges, qui ne pouvaient prononcer qu'en première instance, ou encore lorsqu'un jugement qualifié en premier ressort, ou n'étant point qualifié, avait pour objet une contestation sur laquelle le tribunal était compétent pour juger sans appel.

Ces erreurs dans la qualification du ressort ne sauraient être considérées comme abus de pouvoir; elles ne doivent pas être un obstacle au droit d'appeler, si le jugement a été mal-à-propos qualifié en dernier ressort : de même qu'elles ne doivent pas donner le droit d'appeler, si le jugement qualifié en première instance, ou non qualifié, a été rendu par un tribunal, dont le devoir était de juger en dernier ressort.

L'ordonnance de 1667 n'avait donné le droit de s'opposer dans le délai de huitaine aux jugemens par défaut, que dans le cas où la partie condamnée en dernier ressort n'avait plus la ressource de l'appel. Mais l'usage de la plupart des tribunaux de France avait étendu même aux jugemens par défaut susceptibles d'appel, la faculté de s'y opposer. On avait justement pensé qu'il était plus utile aux deux parties d'instruire leur affaire devant les premiers juges et de pouvoir ensuite prendre la voie de l'appel; mais le plus souvent, et avant même que le délai de l'opposition fût expiré, on interjetait appel, sous prétexte de sortir plus promptement d'affaire, ou de se soustraire à des préventions.

Ce droit d'opposition est accordé par la loi comme le moyen qui doit être employé, et non pour qu'on ait le choix de prendre cette voie, ou d'interjeter appel. Si le délai pour s'opposer est expiré, la loi présume que la partie condamnée n'a point été à portée, ou à temps de fournir ses moyens d'opposition, et elle lui conserve encore la ressource de l'appel.

Après avoir établi dans quels délais et dans quels cas les appels doivent être interjetés, il fallait en expliquer les effets.

L'appel remet en question ce qui avait été décidé. Le droit de remettre en question une décision semble emporter le droit d'empêcher qu'elle ne soit exécutée.

Mais, d'une autre part, l'appel ne saurait empêcher qu'il n'y ait la plus forte présomption que les premiers juges ne se sont point, par erreur ou autrement, écartés des régles. L'autorité de leur jugement ne cesse entièrement que dans le cas où il est infirmé.

Envain celui qui l'a obtenu invoquerait-il cette autorité, si l'appelant pouvait, en suspendant l'exécution, rendre moins efficace, ou même inutile, la confirmation du jugement.

La conséquence de ces réflexions a été de régler que l'appel est en général suspensif, mais qu'il n'est que dévolutif dans le cas où, par le motif que l'on vient d'énoncer, l'exécution provisoire est prononcée.

Il avait été formellement défendu par l'ordonnance de 1667, aux cours supérieures, et même aux parlemens, d'enfreindre les règles qu'elle établissait concernant l'exécution des jugemens; mais bientôt on cessa de les respecter.

Les premiers juges, sous le prétexte qu'ils étaient forts de leur conscience sur la bonté de leurs jugemens, étaient disposés à en ordonner l'exécution provisoire, et les juges supérieurs se rendaient, dans l'exercice de leur autorité, trop faciles à suspendre l'effet des jugemens qui leur étaient soumis.

Dans ce conflit et dans cette confusion de pouvoirs, chaque partie faisait des efforts ruineux pour obtenir l'exécution provisoire ou la suspension.

Nous sommes loin de ces temps où les magistrats des cours souveraines, participant à l'autorité législative, croyaient aussi être revêtus d'un pouvoir illimité dans la distribution de la justice. Il suffira pour nos magistrats actuels qui s'honorent d'être les plus scrupuleux observateurs des règles, de leur exposer celles que le bien public a dictées, pour que ces règles deviennent leur devoir le plus cher et le plus sacré.

Le Code actuel fait connaître les cas où l'exécution provisoire peut être, soit prononcée, soit suspendue : il simplifie les formes de procéder devant les juges d'appel relativement à cette exécution; s'ils la suspendent sans y être autorisés, leurs jugemens seront nuls.

Après avoir réglé les délais et les effets de l'appel, le Code en prescrit les formalités et la procédure nécessaire pour l'instruction. Il eût été difficile d'imaginer une marche plus facile et plus prompte.

On oubliera jusqu'aux noms de ces formalités dispendieuses sans avoir jamais été utiles, et qui consistaient à relever l'appel après l'avoir déclaré; à demander que, faute de l'avoir relevé dans le temps prescrit, il fût déclaré désert; à faire convertir en anticipation la demande en désertion.

L'appel sera déclaré par un exploit dans la forme ordinaire et contenant assignation de l'intimé dans les délais de la loi.

Cependant cet exploit n'est point un acte de simple procédure qu'il suffise de signifier à un avoué; c'est un nouveau combat judiciaire que l'appelant engage : la signification doit être à personne ou domicile.

Devant les juges d'appel, comme devant les premiers juges, toutes les affaires doivent être portées à l'audience. Il arrivera souvent que, dans le cas même où les premiers juges auront prononcé sur une instruction par écrit, l'affaire portée devant les juges d'appel se trouvera ou assez éclaircie, ou réduite à des points assez simples pour être terminée à l'audience. L'un des abus que l'on reprochait le plus dans l'ancienne procédure, était la multiplicité des appels avec instruction par écrit.

Dans tous les cas, les écritures qui précéderont l'audience, se réduiront à celles qui ont été regardées comme indispensables. Dans la huitaine de la constitution d'avoué par l'intimé, l'appelant signifiera ses griefs contre le jugement. L'intimé répondra dans la huitaine suivante. Toute autre procédure est défendue. La loi a manifesté son intention que ces écritures soient réduites à ce qui est de nécessité absolue, en ne donnant que de très-brefs délais pour les fournir.

Si l'appel n'a pour objet qu'une matière sommaire, ou si, dans les autres affaires, l'intimé n'a pas, sur l'appel, constitué d'avoué, il suffit que les griefs soient exposés à l'audience; toute écriture est inutile.

On peut sans doute, devant les juges d'appel, réparer les omissions faites dans l'instruction devant les premiers juges; mais soit que l'appel ait été porté à l'audience, soit qu'une instruction par écrit ait été ordonnée, toute pièce d'écriture qui ne sera que la répétition de celles fournies, soit en première instance, soit sur l'appel, ne passera point en taxe.

Si le même écrit contient à la fois de nouveaux moyens, ou exceptions et la répétition des anciens, on n'allouera en taxe que la partie relative à ce qui est nouvellement exposé.

Il était impossible que la loi prît plus de précautions contre les écritures inutiles. Son observation dépendra sans doute de la vigilance des magistrats; mais on aura pour garantie le devoir qui leur est imposé et la crainte qu'ils auront d'être regardés comme fauteurs des abus.

Cette simplicité, cette briéveé dans l'instruction devant les juges d'appel, était d'autant plus convenable, qu'ils n'ont à prononcer que sur les points jugés en premier ressort. Aucune nouvelle demande n'est admise, à moins qu'il ne s'agisse de compensation; ou que la demande nouvelle ne soit la défense à l'action principale.

On ne regarde point comme demande nouvelle tout ce qui n'est que l'accessoire; tels sont les intérêts, les arrérages, les loyers échus depuis le jugement de première instance, ou les dommages et intérêts pour le préjudice souffert depuis ce jugement. Mais, par le motif même que ces demandes sont regardées comme dépendantes de la contestation portée devant les juges d'appel, elles ne pourront servir de prétexte à des écritures. On ne devra les exposer que par de simples actes de conclusions motivées; il en sera de même dans les cas où les parties voudraient changer ou modifier leurs conclusions.

L'appel ne devant avoir pour objet que la contestation jugée, aucune intervention ne doit être admise, si ce n'est de la part de ceux qui n'auraient point été appelés comme parties devant les premiers juges, et qui, par ce motif, auraient droit de former une tierce opposition au jugement qui serait rendu.

C'est dans ces limites que doivent être reserrés les objets de l'appel

Il se termine par un jugement, ou par un désistement que fait présumer une longue inaction.

S'il y a jugement, la loi règle qu'il sera rendu à la majorité des voix, et elle prévoit la difficulté qui s'éleverait, s'il se formait plus de deux opinions, ou s'il y avait partage.

Dans le premier cas, elle indique comment les juges doivent se réunir pour qu'il n'y ait plus que deux opinions, entre lesquelles le plus grand nombre de voix prévale; et s'il y a partage, on appellera, pour le vider, un ou plusieurs juges n'ayant pas connu de l'affaire. L'ordre du tableau qui devra être suivi, écarte toute idée d'arbitraire: les nouveaux juges doivent être en nombre impair, pour éviter un nouveau partage; enfin, dans le cas où tous les juges auraient connu de l'affaire, trois anciens jurisconsultes seront appelés.

La péremption sera acquise en cause d'appel dans les mêmes délais et suivant les mêmes formes que devant les premiers juges. Il y a seulement une différence entre les effets de la péremption en première instance, et les effets de la péremption sur appel.

En première instance, la procédure est éteinte, mais non l'action; à moins qu'elle ne soit prescrite ou autrement anéantie.

Lorsque, sur l'appel du jugement, il y a péremption, la partie condamnée est, par sa longue inaction, censée avoir renoncé à son appel, et dès-lors le jugement rendu en première instance acquiert la force de la chose jugée.

Il n'était pas besoin de spécifier les autres cas où un jugement aura la force de la chose jugée; il résulte évidemment des dispositions du Code, que tout jugement en premier ou en dernier ressort a cette force, lorsqu'il n'est point encore attaqué, ou lorsqu'il ne peut plus l'être. L'énumération que présente l'article 5 du titre 27 de l'ordonnance de 1667 serait incomplète, ou au moins elle laisserait encore à désirer beaucoup d'explications.

Les autres régles établies pour l'instruction devant les tribunaux inférieurs, seront observées devant les juges d'appel.

On a toujours regardé comme nécessaire de réprimer, par des amendes, les divers recours exercés contre les jugemens, lorsque ces recours sont dénués de moyens légitimes.

La procédure pour l'exécution des jugemens, aprés que, sur l'appel, ils ont été confirmés ou infirmés, exige des régles plus précises que celles suivies jusqu'à présent. Dans une partie de la France, l'exécution restait au tribunal qui avait prononcé sur l'appel; dans d'autres, le renvoi pour l'exécution se faisait aux premiers juges; dans d'autres, enfin, il dépendait de la volonté des juges d'appel de renvoyer ou de retenir.

On propose à cet égard un mode uniforme.

Si le jugement est confirmé, il n'y a pas de raison pour que la circonstance d'un appel rejeté dépouille le tribunal de première instance du droit qu'il aurait eu, sans cet appel, d'exécuter son jugement. Tel est aussi l'intérêt des parties dont le domicile et les biens sont presque toujours plus voisins du lieu où siége ce tribunal.

Si le jugement est infirmé, la loi s'en rapporte à la sagesse des cours d'appel, qui retiendront l'exécution ou indiqueront un autre tribunal dans lequel il serait plus facile et moins dispendieux d'exercer les poursuites. Si, dans le cours de ces poursuites, il y a des demandes en nullité d'emprisonnement, ou en expropriation forcée, il faudra, dans ces cas et dans les autres pour lesquels il y a une juridiction déterminée, soit par le Code actuel, soit par le Code civil, s'y conformer.

Dans la nouvelle organisation judiciaire, on ne regarde plus la juridiction d'un tribunal comme une sorte de patrimoine; et rien ne s'oppose à ce que le droit de juger soit attribué ou modifié suivant l'intérêt des parties.

L'ordonnance de 1667 avait défendu à tous juges d'évoquer les procès pendans aux tribunaux inférieurs, sous prétexte d'appel ou de connexité, si ce n'était pour juger définitivement en l'audience et sur-le-champ, par un seul et même jugement.

Alors l'appel était reçu de tous les actes d'instruction : ainsi presque toutes les causes pouvaient être évoquées avant même qu'elles fussent instruites; et la disposition qui ordonnait de juger à l'audience et sur-le-champ était sans cesse et impunément violée.

Avant le jugement définitif, il ne sera plus permis d'appeler que des jugemens interlocutoires qui auraient préjugé le fond.

Dans le cas où le jugement interlocutoire serait infirmé, et où la matière serait disposée à recevoir un jugement définitif, les juges d'appel pourront le prononcer. La loi s'en rapporte à leur sagesse, pour décider si, dans ce cas, il ne serait pas inutile, s'il ne serait même pas préjudiciable aux parties, de leur faire encore parcourir deux degrés de juridiction.

Il en doit être ainsi, et, à plus forte raison, lorsque des jugemens d'appel infirment des jugemens définitifs, soit pour vice de forme, soit pour toute autre cause, et que la matière est réellement disposée à recevoir une décision définitive, puisque, dans ce cas, les premiers juges ayant prononcé sur le fond, déjà deux degrés de juridiction ont été remplis.

De la Tierce Opposition.

L'appel des jugemens n'est pas l'unique moyen par lequel ils puissent être attaqués : il est encore certains cas où il doit être permis de se pourvoir, soit par tierce opposition, soit par requête civile. Il en est d'autres où, sans se borner à attaquer le jugement, on doit être autorisé à prendre les juges eux-mêmes à partie.

Telle est la matière du IV.e Livre de la I.re partie de ce Code, et dont il me reste à exposer les motifs.

Un jugement ne doit faire loi qu'entre ceux qui ont été entendus, ou appelés; il ne peut statuer que sur des conclusions prises par une partie contre l'autre; si le jugement préjudicie à une tierce personne qui n'ait point été appelée, elle doit être admise à s'adresser aux mêmes juges, afin qu'après l'avoir entendue, ils prononcent à son égard en connaissance de cause. Cette voie est celle connue au barreau sous le nom de *tierce opposition.*

Une première règle générale est que cette tierce opposition soit faite devant le tribunal qui a rendu le jugement.

Il peut sans doute en résulter que le tiers opposant soit obligé de plaider devant les juges dont autrement il n'eût point été justiciable; mais une tierce opposition ne peut être considérée que comme une intervention pour arrêter ou prévenir l'exécution d'un jugement. Or, nulle intervention ne peut se faire que devant le tribunal où la cause principale est portée.

En partant de ce principe, il restait un cas à prévoir, celui où, à l'occasion d'une contestation qui s'instruit devant un tribunal, l'une des parties se prévaudrait d'un jugement qu'un autre tribunal aurait rendu, et contre lequel son adversaire aurait le droit de former une tierce opposition.

Dans ce cas, les parties sont en présence devant le tribunal saisi de la contestation principale. Doit-on, comme on le faisait autrefois, les renvoyer devant le tribunal qui a prononcé le jugement attaqué par la tierce opposition?

On ne saurait douter qu'il ne soit en général

plus convenable à leur intérêt de rester devant le tribunal même où elles se trouvent, et où conséquemment elles peuvent espérer un jugement plus prompt sur l'un et sur l'autre différent.

En prenant ce dernier parti, il fallait seulement éviter que la hiérarchie des tribunaux fût troublée. Un tribunal inférieur ne doit jamais être revêtu du pouvoir de prononcer sur un jugement rendu par un tribunal supérieur.

Il pourra sans doute arriver que, dans le cas où les moyens du tiers opposant seraient précisément les mêmes que ceux qui auraient été rejetés par le jugement attaqué, ces moyens soient admis par un autre tribunal d'un pouvoir égal; mais c'est encore un de ces cas rares et qui ne suffit point pour écarter une mesure d'une utilité certaine et journalière.

Il faut d'ailleurs observer que, si le jugement sur la tierce opposition a été rendu par des juges de première instance, on aura, pour éprouver la bonté de ce jugement, la voie de l'appel.

S'il a été rendu en dernier ressort, la variété d'opinion entre les tribunaux indépendans sur les mêmes questions, est un inconvénient général, contre lequel il n'y a de remède que dans l'autorité de la cour de cassation, lorsqu'il y a lieu de s'y pourvoir, ou même dans l'autorité législative.

Le cours de la procédure sur la contestation principale doit-il être suspendu par une tierce opposition incidente? Les motifs de décision à cet égard sont tellement dépendans de la nature et des

circonstances

circonstances de la contestation principale, qu'il doit être entièrement laissé à la prudence des juges de passer outre, ou de surseoir.

Quant à l'exécution du jugement attaqué par la tierce opposition, incidente ou principale, la règle générale est qu'une tierce opposition ne doit point être un obstacle à l'exécution contre les parties qui, après avoir été appelées, ont été condamnées par ce jugement.

Mais, d'une autre part, cette exécution du jugement contre les parties condamnées ne doit pas préjudicier aux droits du tiers opposant.

Ce sont des principes d'une justice évidente. Tel était l'esprit de l'ordonnance de 1667, et elle s'exécutait ainsi. Mais on s'était borné à y prévoir le cas où le jugement aurait condamné à délaisser la possession d'un héritage, et, dans ce cas, l'exécution était ordonnée, nonobstant les oppositions des tierces personnes, et sans préjudice à leurs droits.

On avait mis cette disposition, tant pour réprimer d'une manière spéciale l'abus des tierces oppositions provoquées par ceux qui étaient condamnés à délaisser des héritages, que pour écarter la difficulté qu'un tiers opposant aurait voulu fonder sur ce qu'il eût souffert préjudice, par le seul fait du délaissement à son adversaire.

Cette disposition salutaire a été conservée en exprimant de plus que, dans les autres cas, les juges pourront, suivant les circonstances, suspendre l'exécution : tel serait le cas où le tiers opposant réclamerait la propriété d'un meuble dont la vente aurait été ordonnée par le jugement : tels seraient en général ceux où l'exécution serait préjudiciable au tiers opposant.

De la Requête civile.

Non-seulement les parties doivent être admises à s'opposer à un jugement rendu, sans qu'elles aient été appelées, mais encore celui qui, ayant été appelé, a été condamné en dernier ressort, ses héritiers, ses successeurs ou ayans-cause, doivent être admis à représenter aux mêmes juges que leur religion a été surprise et que leur jugement ne porte pas sur les bases essentielles.

Un jugement n'est que la déclaration de ce qui est vrai et juste sur les points contestés, déclaration donnée solennellement par les organes de la loi.

Lorsque les juges se sont écartés des formes de procéder, qui prescrites, sous peine de nullité, ont été regardées comme nécessaires, leur jugement n'a plus le caractère de solennité.

On n'y trouve point la déclaration de ce qui est vrai et juste, lorsqu'il a été obtenu par dol personnel, soit en retenant des pièces décisives, soit autrement; lorsqu'il a été rendu sur pièces fausses; lorsque des jugemens entre eux, ou, dans le même jugement, des dispositions se contredisent.

Enfin leur déclaration est défectueuse, lorsqu'elle ne comprend pas tout ce qui a été l'objet du différent, ou qu'elle a été au-delà.

Ces diverses causes de réclamation sont distinguées au barreau par la forme dans la quelle on est admis à les faire valoir, et cette forme, dont l'origine remonte au droit romain, est indiquée par le nom de *Requête civile.*

Des énonciations générales seraient insuffisantes pour prévenir l'abus que l'on ferait d'un pareil recours. Il ne doit être autorisé que sur des moyens spécifiés dans la loi même.

Déjà on a eu occasion d'exposer les motifs qui ont fait établir le recours par requête civile, contre les jugemens qui auraient condamné l'État, une commune, des établissemens publics, ou des mineurs, sans qu'ils eussent été défendus, ou sans qu'ils l'eussent été valablement.

On avait, dans un projet d'article pour l'ordonnance de 1667, cherché à désigner les circonstances dans lesquelles ce moyen serait admissible.

« C'est à savoir que les arrêts et jugemens en » dernier ressort aient donné contre eux par défaut, ou par forclusion, s'ils n'ont pas été valablement défendus, en cas que les principales » défenses de fait ou de droit aient été omises, » quoique ces arrêts ou jugemens aient été contradictoires, ou sur les productions des parties, » en telle sorte néanmoins qu'il paraisse qu'ils » n'ont point été défendus, ou non-valablement » défendus, et que le défaut de défenses omises » ait donné lieu à ce qui a été jugé, et qui aurait » été autrement jugé, s'ils avaient été défendus » ou que les défenses eussent été fournies. »

Ce projet d'article ne fut point mis en entier

dans l'ordonnance, mais il a toujours été regardé comme une explication utile pour guider les juges et prévenir les abus; ces abus sont encore moins à craindre depuis que les motifs des jugemens doivent y être énoncés.

On trouve dans cette ancienne loi, au nombre des ouvertures de requête civile, le cas d'un jugement sur des offres, ou sur des consentemens qui aient été désavoués, et le désaveu jugé valable. On a tracé dans le présent Code, à l'égard des effets du désaveu jugé valable, une règle plus simple et plus expéditive.

Les délais dans lesquels la requête civile doit être signifiée, ont été abrégés par les considérations précédemment développées.

Il n'y avait rien à ajouter à la sagesse de l'ancienne ordonnance sur le temps où les délais commenceront à courir dans le cas de faux, de dol, de découverte de pièces nouvelles, de contrariété de jugemens.

A l'égard des mineurs, on observera que si, relativement à l'appel, on a cru pouvoir les soumettre au même délai que les majeurs, en prenant la précaution d'ordonner que le jugement sera signifié tant au tuteur qu'au subrogé tuteur, cette mesure ne pouvait s'appliquer à un jugement en dernier ressort, contre lequel il y a des moyens de requête civile. En vain le subrogé tuteur serait-il averti de ce jugement, lorsque ce n'est pas dans ses mains, mais dans celles du tuteur chargé de le défendre, que sont les renseignemens et les pièces.

Il n'y a pour le mineur, ainsi condamné, de ressource assurée que dans le droit qui lui est donné de se pourvoir en requête civile, lorsqu'il sera devenu majeur.

Ce n'est pas même prolonger injustement l'incertitude du sort de ceux qui plaident contre les mineurs, puisque, dans presque tous les cas où la requête civile est admissible, celui qui a obtenu le jugement ainsi attaqué ne saurait être présumé avoir ignoré que la religion des juges n'a pas été éclairée, ou qu'elle a été surprise.

Cette considération, jointe à la crainte que le mineur n'ait eu aucune connaissance du jugement et des faits sur lesquels il peut établir son droit, ont paru des motifs suffisans pour imposer à l'adversaire l'obligation de signifier ce jugement au mineur devenu majeur, et ce sera seulement à compter de cette signification que commencera le délai dans lequel la requête civile devra être présentée.

Elle doit toujours être portée devant le tribunal où le jugement attaqué a été rendu; ainsi lors même que l'occasion de se pourvoir en requête civile est survenue dans une contestation qui s'instruit en un autre tribunal, cette requête ne peut être présentée qu'au tribunal même qui a rendu le jugement.

Dans ce dernier cas, l'ordonnance de 1667 avait fait, pour établir la compétence, plusieurs distinctions.

S'il s'agissait d'un jugement interlocutoire, ou

d'un jugement dans lequel le demandeur en requête civile n'aurait pas été partie, la connaissance en était attribuée au tribunal où le jugement était produit.

La requête civile contre un jugement définitif, contradictoire ou par défaut entre les mêmes parties, devait être portée devant le tribunal qui l'avait rendu, à moins que les parties ne consentissent respectivement qu'il fût procédé sur cette requête devant le tribunal où le jugement était produit, ou qu'il fût sursis au jugement.

Dans ce système, on avait considéré que, quand les parties avaient reçu définitivement la loi d'un tribunal, c'était à ce tribunal seul qu'il devait appartenir de la révoquer, à moins que les parties ne consentissent à se soumettre au tribunal devant lequel elles se trouvaient.

Ces dispositions furent dès-lors regardées comme étant d'une exécution difficile; elles sont tombées en désuétude ou ont été diversement exécutées.

Dans le nouveau Code, on est parti, à cet égard, d'une idée plus juste et qui présente le moins d'inconvéniens.

La requête civile n'y est, dans tous les cas, considérée que comme une suite, un complément de la procédure sur laquelle est intervenu le jugement ainsi attaqué.

Cette requête doit donc aussi, dans tous les cas, être renvoyée au tribunal qui a rendu le jugement.

Il y avait une grande erreur à faire dépendre

du consentement des parties, soit la compétence du tribunal où le jugement était produit, soit le sursis de la procédure.

On était, à l'égard de la compétence, tombé dans l'inconvénient qu'un tribunal inférieur se trouvait investi du pouvoir d'anéantir le jugement d'une cour souveraine.

Quant au sursis de la procédure, il peut, dans le cas dont il s'agit, être un acte d'équité ou même de nécessité qui doit, indépendamment de la volonté des parties, être laissé à la prudence du juge.

A l'égard des jugemens dans lesquels les demandeurs en requête civile n'ont pas été parties, on ne peut pas dire qu'elle ne soit que la suite ou le complément d'une procédure ; ils ont une autre voie, celle de la tierce opposition qui, comme moins dispendieuse, était préférée, lors même que l'ordonnance de 1667 ouvrait à la fois aux plaideurs cette voie et celle de la requête civile.

On a maintenu les précautions prises par nos anciennes lois, pour que, sous le titre de requête civile, l'on ne présente pas des moyens non recevables, ou que l'on mettrait en avant, sans être en état d'en faire la preuve.

Les moyens seront rejetés, comme n'étant pas légitimes, et sans autre examen, si cette légitimité n'est attestée par trois anciens avocats ; et si le demandeur en requête civile n'a d'avance consigné les sommes déterminées par la loi à titre d'amende et de dommages-intérêts.

Un autre moyen, plus puissant encore, contre les requêtes civiles dictées par la chicane, ou par la passion, se trouve dans la disposition qui ordonne l'exécution du jugement ainsi attaqué. Nulles défenses de l'exécuter ne peuvent être accordées; et même, lorsqu'il s'agira du délaissement d'un héritage, le demandeur en requête civile ne sera reçu à plaider qu'en justifiant que ce délaissement est effectué.

Une dernière précaution prise pour maintenir le cours de la justice et l'autorité des jugemens, contre l'abus des requêtes civiles, a été de faire mettre ce genre de procédure au nombre de celles qui intéressent l'ordre public, et dans lesquelles les procureurs impériaux devront être entendus.

L'ordonnance de 1667 avait autorisé le demandeur en requête civile à présenter, sous le titre d'ampliation, les nouveaux moyens qu'il découvrirait, sans même l'assujettir à une nouvelle consultation d'avocats. Dans cette loi, ainsi que dans les arrêts qui, en l'interprétant, avaient permis, suivant les circonstances, de cumuler les moyens du fond avec ceux de requête civile, il y avait contradiction en ce que, d'une part, l'autorité de la chose jugée ne pouvait être attaquée que dans certains délais et avec de grandes précautions, tandis que, d'autre part, on pouvait, même après le délai et sans aucune forme, revenir encore contre les jugemens.

C'était ouvrir après coup le champ le plus libre aux procédures énormes qui étaient presque toujours la suite des requêtes civiles. Les moyens énoncés dans la consultation, seront les seuls qu'il sera permis de discuter à l'audience ou par écrit.

Les effets de la requête civile, lorsqu'elle est admise, sont de remettre les parties dans le même état où elles étaient avant le jugement ainsi attaqué; les sommes consignées d'avance seront en conséquence rendues. Les objets de la condamnation qui auraient été perçus, seront restitués, et dans le cas de deux jugemens contraires, le jugement non rétracté reprendra toute sa force.

Il faut qu'il y ait un terme aux procédures, et, si ce motif fait rejeter les requêtes civiles les mieux fondées, lorsqu'elles n'auront pas été signifiées dans les formes et dans les délais prescrits; à plus forte raison, ne doit-on point admettre une nouvelle demande en requête civile, soit contre le jugement déjà attaqué par cette voie, soit contre le jugement qui l'aura rejetée, soit enfin, contre le jugement rendu sur le rescisoire. Non-seulement une pareille procédure sera nulle, mais l'avoué lui-même qui, ayant occupé sur la première demande, occuperait sur la seconde, sera responsable des dommages et intérêts.

De la Prise à partie.

Si, dans le Code, on avait pu se décider par les sentimens de respect qu'inspirent en France, plus que dans toute autre partie de l'Europe, l'impartialité, l'exactitude et l'extrême délicatesse des magistrats, on n'y aurait même pas prévu qu'il pût s'en trouver dans le cas d'être pris à partie; mais ne suffit-il pas que des exemples, quelque rares qu'ils soient, puissent se présenter, pour que la magistrature entière doive désirer qu'il y ait une loi sévère, sous l'égide de laquelle les parties lésées obtiendront des dommages et intérêts, ou feront même, suivant les circonstances, prononcer des peines plus graves.

S'il faut que les parties aient l'assurance d'obtenir justice, même contre leurs propres juges, l'intérêt public exige aussi que les ministres de la justice ne soient pas dépouillés de toute dignité, comme ils le seraient, si les plaideurs, au gré de leur ressentiment et de leurs diverses passions, avaient le droit de les obliger de descendre de leur tribunal pour justifier de leur conduite. Cet abus nous replacerait au temps où, par un reste d'abus encore plus grand de l'ancien régime féodal, les juges étaient eux-mêmes responsables de leurs jugemens.

Entre les magistrats et les plaideurs, il n'est qu'une seule autorité qui puisse en même temps convenir à la dignité des uns et à la sureté des autres; c'est l'autorité de la loi elle-même, qui, en spécifiant les cas dans lesquels un plaideur doit être admis à traduire en justice son propre juge, pose la barrière que le respect dû à la magistrature doit empêcher de franchir.

Les causes légitimes de prise à partie énoncées dans le Code, sont le dol, la fraude ou la concussion, qu'on prétendrait avoir été commis, soit dans le cours de l'instruction, soit lors du jugement.

Les juges peuvent encore être poursuivis pour

le paiement de dommages et intérêts, lorsque la loi les déclare responsables sous cette peine. Ces cas sont bornés à ceux où les juges sont inexcusables : ils n'auront point, dans leurs fonctions, à craindre comme un écueil, les rigueurs de la loi. Elle prend une juste confiance dans le respect qu'elle leur inspire.

Un fait inexcusable et qui a dû fixer l'attention des législateurs, est le déni de justice.

Les règles pour caractériser le déni de justice et pour procéder, en ce cas, contre les juges, resteront à peu près les mêmes que celles prescrites par l'ordonnance de 1667.

Il y a déni de justice, non-seulement lorsque les juges refusent de juger les affaires en état et en tour d'être jugées, comme le porte cette ordonnance, mais encore lorsque, refusant de répondre sur les requêtes que les parties doivent leur présenter, ils mettent obstacle à ce qu'elles puissent obtenir justice.

Les juges ne sauraient être présumés coupables, ni par les vaines clameurs d'une partie qui les accuserait de négligence, ni par des témoins qu'elle produirait ; il faut que le déni de justice soit à la fois prouvé et caractérisé par deux réquisitions faites aux juges dans la personne des greffiers : si les parties sont en souffrance, elle ne sera que très-peu prolongée par ces réquisitions, qui se feront à des intervalles très-courts, et l'huissier qui refuserait de les signifier, serait interdit.

Dans l'ancienne législation, les sommations de

juger ne pouvaient être faites qu'aux juges dont la juridiction n'était pas en dernier ressort; on n'avait, à l'égard de ceux dont les jugemens étaient souverains, d'autre ressource que de porter ses plaintes au Chancelier ou au Conseil du Roi. On arrêtait ainsi le cours de la justice par égard pour la dignité des magistrats. Mais la dignité de la justice elle-même ne serait-elle pas dégradée si, en considération de ses ministres, sa marche était variable ou chancelante? Ne doit-on pas encore observer que des juges souverains, ordinairement placés dans un plus grand tourbillon d'affaires, et moins rapprochés des plaideurs que les autres juges, sont plus exposés à laisser, contre leur intention, des parties en souffrance?

Peut-être aussi avait-on peine à concilier l'idée du respect envers les magistrats avec l'idée qu'emportait l'expression même de *sommation*. Un acte de réquisition ne pourra blesser la dignité d'aucun juge.

Ce serait en vain que, dans la loi, on aurait énoncé comme nécessaires les causes qui autorisent la prise à partie, s'il suffisait de les alléguer, pour qu'un juge fût traduit en justice. Il est donc également indispensable que de pareilles allégations soient soumises d'abord à l'examen du tribunal devant lequel la demande sera intentée; il la rejetera si, dénuée de vraisemblance, elle ne lui paraît avoir d'autre fondement que des passions, ou des ressentimens contre la justice, plutôt que contre les juges. « Les parties, disait le cé- » lèbre d'*Aguesseau* dans un réquisitoire du 4 juin

» 1699, doivent garder un silence respectueux sur » la conduite des ministres de la justice, jusqu'à » ce que la justice elle-même ouvre la bouche » à leur plainte. »

Le caractère du juge devra être respecté dans la requête même qui aura pour objet d'être autorisé à le poursuivre. Il est défendu, sous des peines graves contre la partie, et même contre son avoué, d'y employer aucun terme injurieux.

Une autre garantie donnée à la fois aux juges et aux parties, est dans le degré de supériorité des tribunaux chargés de prononcer sur les demandes en prise à partie.

Ces demandes étaient, avant la révolution, considérées comme tenant à la haute police; et les parlemens étaient en possession d'exercer cette juridiction sur les juges de tous les tribunaux de leur ressort, sans qu'il y eût, à cet égard, aucune loi générale.

Le recours immédiat au tribunal supérieur a le double avantage d'écarter toute inquiétude de prévention, de partialité, de ménagement, et d'empêcher qu'un juge ne soit traîné d'un tribunal à l'autre. Ces motifs ont fait décider que les cours d'appel prononceront sur les prises à partie contre les juges de paix, contre les tribunaux de commerce, ou de première instance, ou contre quelqu'un de leurs membres; contre un juge d'une cour d'appel, ou d'une cour criminelle.

Les cours d'appel, les cours criminelles, ni même l'une de leurs sections qui, dans ses fonctions, représente la cour entière, ne peuvent être prises à partie que devant la haute-cour impériale. Devant cette puissance suprême, l'autorité d'une cour de justice ne pourra la dispenser de se justifier; et l'éclatante solennité du jugement sera également propre à venger un corps auguste mal-à-propos inculpé, ou la magistrature entière, en frappant les magistrats coupables.

L'ordonnance de 1667 avait interdit au juge pris à partie, la connaissance du différent qui avait donné occasion à cette attaque, à moins qu'il n'eût été follement intimé, et que l'une et l'autre partie ne consentissent qu'il demeurât juge.

On a peine à concevoir qu'un plaideur fasse descendre un juge de son tribunal pour l'inculper, et qu'en même temps il consente à l'avoir pour juge; mais ce qui semble évident, c'est qu'un juge contre lequel une prise à partie a été admise, compromettrait et sa délicatesse et la dignité de la justice, si, même en supposant ce consentement, il connaissait du différent à l'occasion duquel il a été pris à partie. Il ne serait même pas convenable, qu'avant qu'il eût été statué sur la prise à partie, il pût connaître des autres causes, que son adversaire, les parens de cet adversaire en ligne directe, ou la personne qui lui serait unie par mariage, pourraient avoir dans le même tribunal.

C'est dans cet esprit que la disposition de la loi de 1667 a été modifiée.

Ainsi, sous tous les rapports, on a pris les précautions pour que la justice soit à l'abri des abus que pourraient commettre ses ministres et des atteintes que voudrait porter à la dignité des juges l'animosité des plaideurs.

Telles sont, Messieurs, les règles à suivre par ceux qui voudront se pourvoir contre les jugemens, soit par appel, soit par tierce opposition, ou requête civile, soit enfin par ceux qui voudront diriger leurs attaques contre les juges mêmes. Vous avez vu que ces règles ont été ou puisées dans les lois antérieures, ou indiquées par l'expérience. L'exposition qui vous sera faite des autres parties de ce Code, vous convaincra de plus en plus des efforts faits par le Gouvernement pour améliorer cette partie de la législation.

EXPOSÉ DES MOTIFS

Du Livre V.e de la première partie du projet de Code de Procédure civile, présenté au Corps législatif, par M. Réal, *orateur du Conseil d'État.*

Séance du 11 Avril 1806.

Messieurs,

Nous venons vous présenter le cinquième Livre du Code de procédure civile.

Son titre seul suffit pour faire sentir toute son importance. Il s'agit de *l'exécution des jugemens*, c'est-à-dire, de l'exercice de tous les droits, de l'accomplissement de tous les devoirs et de toutes les conventions. Toutes les parties du Code qui ont précédé celle que nous avons l'honneur d'offrir à votre sanction, ne sont que des *moyens* pour arriver à ce but unique de toute *action intentée*, à cette *exécution*, sans laquelle les devoirs, les droits, les conventions, la propriété, ne seraient que de vaines théories sans application.

Ici, la force vient à l'appui du droit reconnu ou déclaré; mais comme, dans toute société bien organisée, nul ne peut, de sa propre autorité, obliger par la force son adversaire à remplir un devoir, à exécuter une convention, à obéir à un jugement, la force publique supplée à la violence particulière, et les officiers dépositaires de cette force interviennent pour l'exercer.

L'emploi de cette force n'est pas toujours nécessaire; parmi ceux qui sont traduits en justice, il est quelques plaideurs de bonne foi qui obéissent sans contrainte au jugement qui les a éclairés; il en est un plus grand nombre qui, redoutant les résultats déshonorans et dispendieux de *l'exécution forcée*, se résignent. Pour ces plaideurs, il a suffi d'établir quelques dispositions, d'après lesquelles on puisse facilement et promptement opérer et constater l'exécution volontaire. Les premiers titres du livre V, les titres relatifs aux *offres réelles* et au *bénéfice de cession*, qui se trouvent dans le livre V, sont consacrés à *l'exécution volontaire;* les autres titres du livre V traitent de l'exécution forcée.

Dans les premiers livres, le législateur a ouvert

au

au plaideur l'entrée du temple de la justice, et lui en a fait parcourir tous les détours. Dans le livre V, le plaideur n'est plus devant les tribunaux; le jugement est prononcé; la partie condamnée est supposée, ou ne vouloir pas, ou ne pouvoir plus s'opposer à son exécution.

En comparant cette partie du Code de procédure à la partie correspondante de l'ordonnance de 1667, vous reconnaîtrez d'abord que le projet soumis à votre sanction offre un système entier et complet dont l'ordonnance de 1667 ne présentait que quelques parties.

Ainsi, comme dans l'ordonnance de 1667, vous trouverez dans cette partie du Code de procédure tout ce qui est relatif aux *réceptions de caution*, à la *liquidation des dommages-intérêts*, à la *liquidation des fruits*, aux *redditions de comptes*, à la *liquidation des dépens*, aux *saisies-exécutions* et à la *contrainte par corps;* mais vous trouverez de plus les règles tracées pour les *saisies-arrêts*, pour les *saisies de rentes*, pour les *saisies immobilières*, pour les *distributions par contribution*, et pour les *ordres* dont l'ordonnance de 1667 n'a point parlé.

Ces règles, il fallait les chercher soit dans les lois antérieures, dont presque toutes les dispositions étaient ou tombées en désuétude ou diversement interprétées; soit dans des déclarations, des arrêts du Conseil, provoqués par des usages, des circonstances ou des besoins qui n'existent plus; soit enfin dans des arrêts de réglemens de cours souveraines, arrêts presque toujours opposés entre eux, même dans les dispositions fondamentales. Réunies dans cette partie du Code aux dispositions que consacrait l'ordonnance de 1667, ces règles complètent, dans toutes ses parties, le système de l'exécution forcée.

Agrandi par ces additions importantes, le système vous paraîtra avoir reçu une nouvelle amélioration de quelques suppressions qui ne sont au reste que de simples transpositions.

Ainsi, le titre XXVII de l'ordonnance de 1667 se trouve presqu'entièrement effacé, quoique, par son intitulé (*de l'exécution des jugemens*), il semblât devoir plus particulièrement appartenir à la partie du Code de procédure qui traite de cette exécution. Mais la plupart des dispositions contenues sous ce titre se trouvent dans le Code civil ou dans d'autres parties du Code de la procédure. Par exemple, la disposition contenue dans l'article 8 de ce titre XXVII, par laquelle, en autorisant une saisie réelle en vertu d'une condamnation provisoire, on suspendait la vente de l'immeuble saisi, jusqu'après la condamnation, cette disposition ne se trouve pas dans le Code de procédure civile, parce qu'elle se trouve dans l'article 2215 du Code civil. Il en est de même des quatre premiers articles et de l'article 9 du même titre, dont les dispositions se trouvent aussi formellement dans le Code civil.

D'un autre côté, les dispositions contenues aux articles 5, 12, 13, 14, 15, 16 et 17 de ce même titre XXVII de l'ordonnance, et qui expliquent quels étaient les jugemens et sentences qui pouvaient acquérir la force de *la chose jugée*; dans quels délais et au moyen de quelles formalités ces sentences et jugemens devaient acquérir cette *force de la chose jugée*; ces dispositions ont été plus convenablement placées sous les titres déja soumis à votre examen, et qui fixent les délais pendant lesquels on peut former opposition aux jugemens ou en interjeter appel.

Il ne restait donc plus de toutes les dispositions contenues dans ce titre XXVII, que les articles 6 et 7; le premier ordonnait que les arrêts s'exécutassent par tout le royaume avec un *pareatis* du grand sceau ou une permission du juge, et le deuxième prononçait des peines contre ceux qui, par violences ou voies de fait, empêchaient l'exécution des jugemens : ces deux dispositions ont dû seules entrer dans la partie du Code que nous avons l'honneur de vous présenter, et se trouvent au titre intitulé : *Règles générales sur l'exécution forcée des jugemens et actes*, sous les articles 545, 547 et 555.

Vous reconnaîtrez enfin, Messieurs, que si, par les additions, les suppressions et les transpositions dont je viens de vous tracer l'aperçu, cette partie du nouveau Code doit l'emporter sur ce qui existait, à cet égard, dans l'ancien ordre de choses; elle doit encore un nouveau degré de perfection aux améliorations nombreuses qu'ont éprouvées les dispositions empruntées soit à l'ordonnance de 1667, soit aux déclarations, arrêts du Conseil et arrêts de règlemens qui l'ont suivie, dispositions qui n'ont été conservées et fondues dans le nouveau Code qu'après avoir été pour la plupart débarrassées de formalités dont l'expérience de plus d'un siècle avait démontré l'abus ou l'inutilité.

Cette vérité sortira facilement des observations sommaires que je vais vous présenter sur chacun des titres qui composent le livre : *de l'exécution des jugemens.*

TITRE I.er

Des Réceptions de caution.

Les dispositions contenues aux six articles qui composent ce 1.er titre, sont presque littéralement extraites du titre XXVIII de l'ordonnance de 1667.

Mais l'ordonnance ne disait point dans quel délai la caution devait être présentée, acceptée ou contestée. Cette omission était une source de procédures et d'interlocutoires inutiles.

D'après l'ordonnance, la caution ne devait justifier de sa solvabilité qu'en cas de contestation; et, dans ce cas, la caution devait donner copie de la déclaration de ses biens (1); les pièces justificatives de cette déclaration devaient être communiquées sur *récépissé.*

L'expérience a démontré que la caution offerte était toujours contestée, ou que la discussion de sa solvabilité était toujours demandée; et la présentation de la caution sans dépôt de pièces (2),

---

(1) Titre XXVIII, article 3.

(2) Titre XXVIII, article 2.

donnait toujours naissance à une procédure, et presque toujours à un jugement.

D'un autre côté, lorsque la caution est contestée, le dépôt au greffe des titres qui justifient sa solvabilité, rend inutile la copie de ces titres.

Enfin, lorsque la caution était contestée, l'ordonnance exigeait pour tous les cas que la solvabilité fût justifiée par des propriétés ; mais l'article 2019 du Code civil a établi des exceptions en matière de commerce, ou lorsque la dette est modique.

Ces diverses observations ont exigé quelques modifications aux dispositions consacrées par l'ordonnance de 1667.

Ainsi (article 557 du projet), le jugement qui ordonnera de fournir caution, fixera le délai dans lequel elle sera présentée, et celui dans lequel elle sera acceptée ou contestée.

Ainsi, l'exploit ou l'acte par lequel la caution est présentée (art. 558) doit contenir copie de l'acte de *dépôt*, qui sera fait au greffe, *des titres* qui constatent la solvabilité de la caution, *sauf le cas où la loi n'exige pas que la solvabilité soit établie par titres.*

TITRE II.

De la liquidation des dommages-intérêts.

Dans ce titre second on a adopté, avec de légères modifications, toutes les dispositions contenues au titre XXXII de l'ordonnance de 1667;

mais dans notre projet, les premiers mots de l'art. 523 rappellent la règle générale établie dans l'un des livres précédens, qui veut que les dommages-intérêts soient, autant que faire se pourra, fixés par le jugement qui les prononcera : les formalités prescrites par les trois articles de ce titre ne sont applicables qu'à l'exception.

TITRE III.

De la liquidation des fruits.

L'ordonnance de 1667 avait, par un titre particulier, fixé les règles d'après lesquelles on devait procéder à cette liquidation : l'expérience a démontré qu'elle devait être faite d'après les mêmes principes et avec les mêmes formalités que les autres comptes rendus en justice. Ce résultat de l'expérience a dicté l'article 526.

TITRE IV.

Des redditions de comptes.

Les dispositions principales de cette partie du projet ont encore été prises dans l'ordonnance de 1667, titre XXIX; mais vous trouverez, dans les détails, des améliorations importantes, quelques points de compétence éclaircis et fixés, une plus grande simplicité dans les formes, plus de rapidité dans la marche de la liquidation.

L'ordonnance ne parlait que de deux espèces de comptables.

Le comptable nommé par justice pouvait *être poursuivi de rendre compte* devant le juge qui l'avait commis ; tous les autres devaient être poursuivis devant le juge de leur domicile.

Le projet qui vous est soumis distingue trois espèces de comptables : 1°. ceux commis par justice ; 2°. les tuteurs ; 3°. les comptables qui ne sont ni tuteurs ni commis par justice.

Dans l'article 1.er du titre IV (le 527.me du projet) on décide formellement que les comptables nommés par justice, seront poursuivis devant les juges qui les auront commis ; les tuteurs, devant les juges du lieu où la tutelle a été déférée ; tous autres comptables, devant les juges de leur domicile.

Une autre question de compétence, controversée sous l'empire de l'ancienne législation, est encore décidée dans le nouveau système.

D'après l'article 472, si un jugement dont est appel est infirmé, l'exécution entre les mêmes parties appartient, sauf quelques exceptions, à la cour d'appel qui a prononcé.

En appliquant ce principe aux jugemens rendus sur les poursuites de comptes, le législateur a dû établir une distinction entre le jugement qui prononcerait sur un compte ordonné et rendu, et le jugement qui rejeterait la demande en reddition de compte.

Au premier cas, les motifs qui ont dicté l'article 472, doivent conduire à prononcer que l'exécution appartiendra, soit à la cour d'appel, soit au tribunal que cette cour indiquera par l'arrêt infirmatif.

Pour le second cas, il faut reconnaître d'abord que l'on ne peut pas supposer aux premiers juges la même répugnance et la même prévention; et en supposant ensuite qu'il s'élevât contre les juges inférieurs de justes soupçons de répugnance et de prévention qui ne permissent pas de leur renvoyer l'exécution du jugement qui ordonnerait la reddition du compte, au moins ne faudrait-il pas alors que ces motifs pussent conduire à priver les parties intéressées des deux degrés de juridiction que la loi leur accorde; en ce cas, la cour d'appel ne peut que renvoyer à un autre tribunal de première instance, mais ne peut retenir l'*exécution.*

Toutes les sages dispositions de l'ordonnance qui tendaient à simplifier les opérations du compte et à diminuer les frais, sont conservées dans le projet; quelques dispositions nouvelles ajoutent aux précautions prises par les rédacteurs de l'ordonnance.

Ainsi, non-seulement le jugement portant condamnation de rendre compte, commettra un juge, mais encore ce jugement devra fixer le délai dans lequel le compte sera rendu. (Art. 530.)

Ainsi, le compte étant présenté et affirmé, si la recette excède la dépense, l'oyant pourra requérir du juge-commissaire exécutoire de cet excédent, sans approbation du compte. (Art. 535.)

Ainsi, à la place de la disposition de l'ordonnance qui fixait, pour tous les cas, à quinzaine le délai dans lequel les pièces justificatives communiquées à l'oyant devaient être rendues, vous trouverez l'article 536, qui laisse le juge-commissaire arbitre du délai, et qui le fixera suivant le nombre, le volume et l'importance des pièces.

Vous remarquerez la disposition de l'art. 537, qui veut que les quittances des fournisseurs, ouvriers, maîtres de pension, et autres de même nature, produites comme pièces justificatives du compte, soient dispensées de l'enregistrement.

Enfin, c'est sur-tout dans les articles relatifs aux *débats*, *soutenemens* et *jugement* du compte, que vous reconnaîtrez dans le projet qui vous est présenté une simplicité de procédure et une rapidité de marche que ne présentaient point les dispositions correspondantes de l'ordonnance de 1667.

A la place de ces délais multipliés de huitaines successives, accordés, pour tous les cas, par l'ordonnance, délais trop prolongés pour la grande majorité des comptes ordinaires, trop rapprochés pour quelques autres comptes; à la place des *appointemens pris au greffe*, et des longues écritures auxquelles *les débats* et *soutenemens* donnaient naissance, le projet de Code substitue une procédure simple, rapide et toute paternelle : c'est le procès-verbal du juge; procès-verbal que l'ordonnance de 1667 a dû proscrire dans le système des épices, et qui ne présente dans le système de leur suppression, que des avantages sans inconvéniens.

Le juge-commissaire entend les parties; c'est lui qui indique les jours et heures où elles doivent comparaître devant lui; plus de citation ni de sommation inutiles. Les *débats* ou *soutenemens* qui ne seraient pas fondés en raison, sont facilement écartés dans la conférence. Lorsqu'il y a doute ou difficulté, les *débats* ou *soutenemens* sont insérés avec précision, sans prolixité, dans un procès-verbal dont le juge n'a aucun intérêt à augmenter le volume.

Si les parties ne se présentent pas, l'affaire est portée à l'audience sur un simple acte. (Art. 538.)

Si les parties comparaissent et ne s'accordent pas, le commissaire porte l'affaire à l'audience, et, au jour qu'il indique, les parties sont tenues de s'y trouver sans aucune sommation.

Il est difficile de présenter une marche plus simple, plus rapide, donnant ouverture à moins de procédure ; et cependant il est impossible d'en présenter une où tous les droits, tous les intérêts soient plus respectés et mieux défendus.

TITRE V.

De la liquidation des dépens.

Pour les citoyens obligés de demander justice aux tribunaux, ce titre est peut-être le plus important du Code de procédure. Il suppose que des réglemens seront établis, dans lesquels le prix de chacun des actes exigés ou consentis par le Code de procédure sera fixé. Et c'est la procédure relative à l'application de ces réglemens qu'il s'agit d'organiser.

On ne peut se le dissimuler ; selon que cette

importante matiére sera bien ou mal traitée, le temple de la Justice sera, ou l'espoir, ou l'effroi de la propriété. On marche ici entre deux écueils qu'il faut également éviter.

Si les salaires des officiers ministériels sont trop élevés, des frais énormes ruineront les plaideurs, l'accès des tribunaux leur sera, pour ainsi dire, interdit; le législateur qui aura donné dans cet excès, aura par une loi légitimé le déni de justice.

Si, par le résultat du réglement et de la loi qui en fera l'application, les salaires sont si modiques qu'un homme probe et instruit ne puisse trouver dans l'exercice de ses fonctions une honnête existence; je ne dirai pas pour cela que vous manquerez d'officiers ministériels; mais, à la place d'hommes qui honorent leur ministère, à la place de ces hommes délicats premiers conciliateurs des parties, de ces hommes éclairés, premiers juges des contestations qu'ils étouffent à leur naissance, vous aurez des hommes avides, qui sauront retrouver, soit dans le grand nombre de contestations qu'ils auront provoquées, soit dans des actes et des écritures dont ils auront hérissé ces contestations, soit enfin, et sans recourir à la procédure, dans les moyens de séduction et de fraude, un bénéfice scandaleux à la place du salaire légitime que l'indiscrète parcimonie de la loi aura refusé.

Il serait sans doute à désirer que, dans tous les cas, le jugement qui termine la contestation et qui condamne aux dépens pût toujours en contenir la liquidation.

La simplicité de l'instruction organisée pour les

causes sommaires, permet que le jugement qui, dans cette matière, condamnera aux dépens, en contienne la liquidation, et vous en trouverez l'obligation imposée aux juges par l'article 543.

Mais si cette règle était appliquée à toutes les contestations, on ne peut se dissimuler que, sur-tout pour les tribunaux des grandes villes, ce serait retarder considérablement la levée et l'exécution du jugement, dans lequel la disposition relative aux dépens est presque toujours la moins importante, et dont l'exécution prompte intéresse le moins la partie qui a obtenu l'adjudication de ses conclusions.

Que cette liquidation de dépens soit ou non contenue dans le jugement, la loi doit indiquer les formalités qui doivent y conduire, les officiers qui en préparent les élémens, les juges qui la fixeront.

Dans les autres tribunaux, dans ceux qui siégent dans les villes populeuses, comme à Rouen, à Marseille, à Bruxelles, à Bordeaux, à Lyon, et sur-tout à Paris, où une population immense, de grands capitaux, une active industrie font naître chaque jour d'innombrables contestations, l'expérience a appris que, soit le tribunal, soit des juges de ce tribunal ne pouvaient s'occuper des détails qui doivent précéder le jugement de cette liquidation.

Quels sont les officiers auxquels, dans ce cas, la loi déléguera les opérations préliminaires dont elle devra toujours réserver le jugement au tribunal? Sera-ce aux chambres de discipline établies près les tribunaux, et qui, par la juste sévérité de leurs avis, font chaque jour applaudir à leur création?

Cette espèce de délégation sera-t-elle attribuée à toutes les chambres de discipline, quel que soit le nombre des membres qui les composent? ou ne faut-il donner cette attribution qu'aux chambres où le grand nombre des avoués offre une assez forte garantie contre toute espèce de coalition, dont le public serait nécessairement victime?

Il est impossible, sans blesser la justice, d'établir sur ces questions une règle générale et uniforme pour tout l'Empire; ce qui serait facile pour un tribunal, serait impossible pour un autre.

Les tribunaux seront consultés; leurs avis permettront de prendre en grande connaissance de cause une mesure qui, modifiée suivant les localités, pourra recevoir par-tout une facile exécution.

Quelques bons esprits avaient, sous la Constituante, pensé que, sans entrer, par des tarifs et des réglemens, dans le détail du coût de chaque acte, de chaque rôle d'écriture; que, sans fixer le nombre de ces actes et de ces rôles, il était possible de distribuer en plusieurs classes peu nombreuses, la totalité des affaires qui se portent devant les tribunaux. Ces bons esprits avaient pensé que, dans chaque classe, et suivant l'importance de l'affaire, il était posssible de fixer une somme qui serait allouée à chaque avoué. Si cette idée ou ce rêve avait pu se réaliser, les questions que je viens de présenter trouveraient une solution facile; et l'inappréciable avantage de faire entrer dans chaque jugement la liquidation des frais adjugés, serait obtenu avec la plus grande facilité.

D'autres avantages bien plus importans sortiraient nécessairement de ce système. L'avoué n'ayant plus d'intérêt de faire des frais frustratoires, serait rendu à toute la simplicité, à toute la pureté de ses fonctions; la principale source des gains illégitimes et d'immoralité serait tarie. Le plaideur instruit à l'avance du sacrifice qu'il aurait à faire, et bien convaicu que, par aucun moyen, ce sacrifice ne pourrait être augmenté, entrerait avec sécurité dans le sanctuaire de la justice; et, pour jamais, disparaîtraient ces procédures énormes, dont les frais ont souvent plus que décuplé le capital dont elles devaient procurer la rentrée.

Il faut bien croire que l'exécution de ce projet a été reconnue impraticable, puisque, malgré les avantages qu'il présentait, il n'a provoqué aucune loi, aucune discussion, à une époque cependant où les théories moins brillantes, plus hasardées, et qui promettaient des résultats bien moins heureux, étaient saisies avec tant d'avidité, et traduites en loi avec une si dangereuse facilité.

Il faudra donc revenir à l'ancien système des tarifs, et à des lois de détail pour en opérer l'application. Les formalités, beaucoup trop multipliées, qui hérissent le système adopté par l'ordonnance de 1667, et son inapplicable uniformité, ne permettaient pas de le présenter à votre sanction. D'un autre côté, il eût été dangereux d'improviser, sur une matière aussi importante, une théorie nouvelle, dont l'exécution eût été problématique; la prudence a conseillé une mesure conciliatrice qui devra produire une loi approchant le plus possible de la perfection, puisqu'elle sera le fruit des méditations, des observations de tous les tribunaux, et d'une expérience de quatre années; c'est ce que décide l'article 454, en prononçant « que la manière de procéder à la liquidation des dépens et frais dans les matières autres que les matières sommaires, sera déterminée par un ou plusieurs réglemens d'administration publique, qui seront exécutoires le même jour que le présent Code, et qui, après trois ans au plus tard, seront présentés en forme de loi au Corps Législatif avec les changemens dont ils auront paru susceptibles. »

J'ARRIVE à la partie la plus importante de ce livre, celle qui traite de l'EXÉCUTION FORCÉE des jugemens et actes.

Cette exécution se fait sur les biens ou sur la personne du débiteur.

Les biens sont ou meubles ou immeubles.

Et dans les biens meubles, il faut distinguer encore les sommes et effets qui se trouvent en la possession d'un tiers, des meubles, sommes et effets qui se trouvent en la possession du débiteur condamné; comme aussi il faut placer dans une troisième classe les fruits pendans par racines, et dans une quatrième les rentes constituées sur particuliers.

Il a fallu prescrire autant de régles particulières qu'il y avait de différens moyens d'exécution.

Ainsi, dans le titre VII seront tracées les régles d'après lesquelles on pourra exécuter par voie de *saisie et opposition* entre les mains d'un tiers.

Le titre VIII contiendra les régles qui dirigeront *l'exécution sur les meubles* et effets qui sont restés en la possession du débiteur.

Le titre IX traitera de la *saisie des fruits pendans par racines.*

On trouvera dans le titre X des régles spéciales à la *saisie des rentes constituées sur particuliers.*

Dans le titre XI, on établira les principes et la procédure d'après lesquels on devra distribuer les deniers qui auront été produits par l'un de ces quatre moyens d'exécution ou par ces quatre moyens cumulés.

Dans les XII.e XIII.e et XIV.e titres, vous trouverez exposé, avec détail et précision, tout ce qui est relatif à *l'exécution* par *la saisie des immeubles*, ainsi que tout ce qui est la suite nécessaire de *la saisie immobilière.*

Enfin, le titre XV traitera de *l'exécution* sur la personne même du débiteur ou de *l'emprisonnement.*

Mais, avant de tracer toutes ces régles particulières, il fallait établir les règles générales, communes à tous ces moyens *d'exécution forcée ;* vous les trouverez dans le titre VI que je vais sommairement analyser.

TITRE

TITRE VI.

Règles générales sur l'exécution forcée des jugemens et actes.

C'est dans les mains du Souverain qu'est remise la force publique; c'est au nom du Souverain que, dans le jugement, les tribunaux ont appliqué la loi; ce n'est qu'en son nom que les officiers ministériels nommés par lui, dépositaires délégués d'une partie de cette force publique, doivent être sommés de l'exercer.

Cette base fondamentale de toute exécution forcée a été établie par l'acte des constitutions de l'Empire, du 28 floréal an 12; cette disposition rappelée par l'art. 146 de ce projet, reçoit dans l'art. 545 une nouvelle application.

Si les officiers ministériels de l'Empire, si les membres de la grande famille qui le composent ne doivent obéir qu'au nom de l'Empereur, il faut en conclure qu'un jugement émané d'une puissance étrangère n'est, ni pour ces officiers ministériels, ni pour les sujets de l'Empire français, un ordre auquel ils doivent obéir. Ce principe se trouvait implicitement énoncé dans plusieurs articles du Code civil, et notamment dans les articles 2123 et 2128; il est ici rappelé et formellement déclaré dans l'article 546, avec les modifications exigées pour les cas prévus par ces deux articles.

D'après l'article 6 du titre 27 de l'ordonnance de 1667, les arrêts de cours souveraines, et, à plus forte raison, les sentences des tribunaux inférieurs, ne pouvaient être mis à exécution dans tout le royaume, à moins d'un *pareatis* du grand sceau, et, à son défaut, à moins d'un *pareatis* en la chancellerie du parlement dans le ressort duquel il devait s'exécuter, ou de la permission du juge des lieux. C'était déjà un abus, un inconvénient grave qui n'était racheté par aucun avantage; mais la jalousie des cours souveraines ajoutait à cet abus; et malgré la disposition formelle de l'ordonnance, l'exécution même des décrets en matière criminelle, était souvent empêchée, retardée et quelquefois refusée.

Dans l'ordre des choses actuel, cette jalousie de pouvoirs et de juridiction est anéantie; toutes les prétentions particulières se taisent devant la volonté de l'unique et souverain dépositaire de la force publique, et d'après l'article 547, tous les jugemens rendus et tous actes passés en France sont exécutoires dans tous l'Empire, sans *visa* ni *pareatis*.

L'article 548 donne ensuite aux tiers qui doivent exécuter des jugemens, un moyen régulier et loyal de reconnaître s'ils peuvent, avec sécurité, les exécuter.

Autrefois, et lorsque les délais pour l'appel et l'opposition étaient si vaguement prolongés, un procureur et depuis un avoué, n'ayant, à cet égard, aucun caractère légal, concourait cependant à cette exécution par un certificat constatant *qu'il n'était parvenu à sa connaissance aucune opposition ou aucun appel.* Ce certificat pouvait être donné par l'erreur; il pouvait être donné par la mauvaise foi; et, dans tous les cas, laissait souvent le tiers obligé d'exécuter le jugement dans une grave inquiétude.

Dans ce Code, cette partie de l'exécution, organisée avec simplicité, offre au tiers comme à l'avoué une garantie contre l'erreur ou la mauvaise foi.

Déjà l'article 263 ordonne qu'il sera tenu au greffe un registre sur lequel l'avoué de l'opposant fera mention sommaire de l'opposition; et, d'après l'article 164, aucun jugement par défaut ne peut être exécuté à l'égard d'un tiers, que sur le certificat du greffier constatant qu'il n'y a aucune opposition portée sur le registre. Cette théorie reçoit ici pour l'appel la même application; et d'après l'article 548, les jugemens, qui prononceront une main-levée, une radiation d'inscription hypothécaire, un paiement ou quelque chose à faire par un tiers ou à sa charge, ne seront exécutoires par les tiers ou contre eux, même après les délais de l'opposition ou de l'appel, que sur le certificat de l'avoué de la partie poursuivante, contenant la date de la signification du jugement faite au domicile de la partie condamnée, et sur l'attestation du greffier, constatant qu'il n'existe contre le jugement ni opposition ni appel.

La loi offre ainsi à celui qui a formé opposition ou qui a interjeté appel, un moyen certain et bien légal d'empêcher que le jugement ne puisse être exécuté à l'égard d'un tiers, au préjudice de cet appel ou de cette opposition. Il lui suffit de faire inscrire l'un ou l'autre sur le registre à ce destiné.

Les autres dispositions contenues dans ce titre ne font que rappeler les dispositions plus anciennes qui se trouvent dans l'ordonnance. Il n'y a de décisions nouvelles que celle contenue au dernier article (art. 556), qui prononce que la remise de l'acte ou jugement à l'huissier vaudra pouvoir pour toutes exécutions autres que la saisie immobilière et l'emprisonnement, pour lesquels il sera besoin d'un pouvoir spécial.

Nous allons maintenant examiner les règles spéciales tracées pour chaque mode particulier d'exécution.

Le premier, que la raison et l'humanité indiquent, est la saisie-arrêt ou opposition.

TITRE VII.

Des Saisies-arrêts ou Oppositions.

L'ordonnance de 1667 garde le silence sur ce mode d'exécution. Il n'était réglé que par des usages, des traditions incertaines, et quelques arrêts de cours souveraines. Il était une source d'abus et de vexations. Il est ramené dans ce titre à toute sa simplicité et au seul but de son institution.

Le créancier porteur d'un titre exécutoire ou privé, les créanciers qui, sans avoir de titre, ont des droits certains et évidens, peuvent saisir-arrêter entre les mains d'un tiers les sommes et effets appartenant à leur débiteur, ou s'opposer à leur remise; mais pour exercer ce droit de saisie, le créancier qui n'a point de titre est obligé d'obtenir une permission du juge du domicile du débiteur ou du domicile du tiers saisi.

L'exploit de saisie-arrêt ou opposition faite en vertu d'un titre authentique ou privé, doit contenir l'énonciation du titre et de la somme pour laquelle elle est faite.

Dans la huitaine, le créancier doit dénoncer la saisie-arrêt ou opposition au débiteur saisi, et l'assigner en validité.

Dans un pareil délai, cette demande en validité doit être dénoncée par le saisissant au tiers saisi, qui ne doit faire aucune déclaration avant que cette dénonciation lui ait été faite.

Faute de demande en validité, la saisie-arrêt ou opposition est nulle.

Faute de dénonciation de cette demande au tiers saisi, les paiemens par lui faits jusqu'à cette dénonciation sont valables.

Enfin, le tiers saisi ne pourra être assigné en déclaration, s'il n'y a titre authentique ou jugement qui ait déclaré la saisie-arrêt, ou l'opposition valable.

Le projet prononce ensuite sur la compétence.

La demande en validité doit être portée devant le tribunal du domicile de la partie saisie, encore que la saisie fût faite en vertu d'un jugement dont, d'après l'article 472, l'exécution appartiendrait à un autre tribunal; parce qu'une saisie-arrêt est une instance nouvelle qui reçoit l'application de la règle *actor sequitur forum rei.*

La demande en main-levée formée par la partie saisie doit également, et dans tous les cas, être portée devant le tribunal de la partie saisie. Le véritable demandeur est ici celui qui a formé la saisie-arrêt: et le demandeur en main-levée n'est que défendeur à cette saisie.

Le tiers saisi doit aussi être assigné devant le tribunal du domicile de cette partie saisie; mais si sa déclaration est contestée, il peut demander, pour être jugé sur la contestation, à être renvoyé devant son juge.

Le projet s'occupe ensuite de la *déclaration* que doit le tiers saisi.

Elle doit être faite au greffe, s'il est sur les lieux; sinon devant le juge de paix de son domicile. Elle doit énoncer les causes et le montant de la dette, les paiemens à-compte, si aucuns ont été faits; l'acte ou les causes de libération, si le tiers saisi n'est plus débiteur, et, dans tous les cas, les saisies-arrêts ou oppositions formées entre ses mains.

Les pièces justificatives de cette déclaration doivent être annexées à cette déclaration; le tout doit être déposé au greffe, et l'acte du dépôt signifié par un simple acte.

Enfin les articles qui terminent ce titre prononcent quels sont les objets que les oppositions ne peuvent atteindre.

Il suffit de comparer ce système à celui, ou plutôt à ceux qu'il doit remplacer, pour prononcer sur son évidente supériorité.

La France entière, commerçante ou propriétaire, réclame, depuis cent ans, contre l'abus et les vexations de tout genre, suite des oppositions *sans causes énoncées.* Cet abus est réformé.

On se plaignait également de ces oppositions mendiées par la mauvaise foi, ou formées par la méchanceté, au nom de créanciers inconnus, et qui, quelquefois, n'existaient pas. Cet abus est réformé par l'article 562, qui oblige l'huissier à justifier, s'il en est requis, de l'existence des saisissans, à peine d'interdiction et de dommages-intérêts.

Des oppositions étaient formées, abandonnées ensuite, et au moment où le saisi se présentait pour recevoir ses fonds, il était repoussé par une ou plusieurs oppositions existantes depuis plusieurs années. Cet abus est réformé par la sage disposition qui veut que dans la huitaine l'opposition soit dénoncée, et que la demande en validité soit formée.

De longues contestations s'élevaient souvent entre le saisissant et le tiers saisi, avant que la partie saisie fût seulement instruite qu'une saisie existât, saisie souvent faite en vertu d'un titre privé, dont un jugement prononçait ensuite l'inefficacité ou la nullité; la source de ces procédures illégales est tarie par les articles 564 et 568 : le premier décide que le tiers saisi ne doit faire aucune déclaration avant qu'il soit instruit officiellement que la partie saisie a connaissance de la saisie-arrêt; et le second veut que le tiers saisi ne puisse être assigné en déclaration, s'il n'y a titre authentique ou jugement qui ait déclaré la saisie-arrêt ou l'opposition valable.

Enfin, souvent le tiers saisi intéressé lui-même à retarder le paiement de ce qu'il devait, ne dénonçait que l'une aprés l'autre les diverses oppositions qui existaient en ses mains au jour de la saisie-arrêt, et par des dénonciations successives éternisait la procédure et décuplait les frais. Cet abus est réformé par l'article 573, qui veut que la déclaration affirmative contienne toutes les saisies-arrêts formées entre les mains du tiers saisi, et existantes au moment où la déclaration est faite.

Je passe au second moyen d'exécution.

TITRE VIII.

Des Saisies-exécutions.

Cette matière était traitée sous le titre XXXIII de l'ordonnance de 1667.

La presque totalité des dispositions qu'elle contenait, a été transportée dans le Code; des lacunes existaient dans l'ordonnance; elles sont remplies dans le projet, où l'on trouve aussi sur cette matiére plusieurs décisions qu'il fallait chercher dans des déclarations antérieures ou postérieures à l'ordonnance, ou dans des arrêts de réglemens, ou même dans des actes de notoriété.

Le but de cette voie d'exécution est que les meubles et effets restés en la possession du débiteur soient, par une vente faite au plus haut prix, convertis en deniers que puisse recevoir le créancier.

Il faut que les formalités qui doivent précéder cette vente soient assez rapides pour que le créancier puisse obtenir promptement son paiement ; et cependant ces formalités doivent emporter des délais assez sagement calculés, pour que le débiteur de bonne foi, qui a des ressources, puisse, en les employant, rendre inutile et empêcher le moyen extrême et rigoureux de la vente.

Si l'on est obligé de vendre, il faut que la vente soit publique, qu'elle soit bien connue, bien annoncée, pour que la concurrence des enchérisseurs donne aux effets qui seront mis en vente toute leur valeur.

Il faut que les formalités qui doivent précéder la vente soient si simples, et engendrent si peu de frais, que la presque totalité du prix de cette vente soit employée à la libération du débiteur.

Le système organisé dans le titre VIII, produit tous ces avantages.

La marche est rapide. L'huissier porteur de pièces se présente assisté de deux témoins : si les portes sont fermées ou si l'ouverture en est refusée, il se transporte devant l'officier public le plus voisin, en présence duquel se fait l'ouverture ; la saisie se fait, et par le procès-verbal même de saisie le poursuivant doit indiquer la vente, qui peut être faite, huit jours francs, après la saisie.

Si le débiteur a des ressources et est de bonne foi, ces délais lui suffisent. Dans le projet, nous exigeons, ce que ne demandait pas l'ordonnance de 1667, que la saisie soit annoncée par un commandement préalable, qui contienne élection de domicile jusqu'à la fin de la poursuite dans la commune où doit se faire l'exécution. Le débiteur pourra faire à ce domicile élu toutes significations, même d'offres réelles ou d'appel.

Le système procure à la vente toute la publicité désirable. L'ordonnance contenait, à ce sujet, plusieurs dispositions; nous les avons conservées; nous en avons ajouté de nouvelles, en recommandant sur-tout l'insertion dans des journaux, dans les lieux où il s'en imprime. Nous avons exigé une plus grande publicité et de plus longs délais pour la vente des objets qui, quoique réputés meubles par le Code civil, sont pour le propriétaire d'une toute autre importance qu'un meuble ordinaire. Je veux parler des barques, chaloupes et autres bâtimens de mer du port de dix tonneaux et au-dessous, bacs, galiotes, bateaux et autres bâtimens de rivière, moulins et autres édifices mobiles, assis sur bateaux ou autrement.

Nous avons, d'accord avec l'ordonnance de 1667, exigé les mêmes moyens de publicité, et les mêmes délais pour la vente de la vaisselle d'argent, bagues et joyaux, pourvu qu'ils fussent d'une valeur d'au moins 300 francs.

Enfin, nous croyons avoir atteint le troisième but de cette voie d'expropriation, celui qui tend à ce que le produit de la vente soit, dans sa presque totalité, employé à la libération du débiteur, en simplifiant la procédure et en tarissant la source des incidens, dont le résultat était de faire dévorer par des frais inutiles le produit de la dépouille du malheureux débiteur.

Dans l'ancien systéme, tous les créanciers du saisi formaient des oppositions à la vente. Le résultat de quelques-unes de ces oppositions était, dans certains cas, de retarder la vente jusqu'à ce qu'un jugement rendu contre le créancier opposant eût ordonné qu'elle serait effectuée.

Le motif des autres était de faire appeler, par une sommation, l'opposant pour être présent à la vente. Depuis long-temps l'abus et l'inutilité de ces incidens et de ces sommations était senti; la réforme en est prononcée, 1.° par l'article 609 qui veut que les créanciers du saisi, pour quelque cause que ce soit, même pour loyers, ne puissent former opposition que sur le prix de la vente; 2.° par l'art. 610 qui prononce que l'opposant ne pourra faire aucune poursuite, si ce n'est contre la partie saisie et pour obtenir condamnation; et qu'il ne sera fait aucune poursuite contre l'opposant, sauf à discuter les causes de son opposition lors de la distribution des deniers; 3.° et enfin, par l'art. 615 qui établit que les opposans ne seront point appelés à la vente.

Les poursuites en subrogation donnaient ouverture à beaucoup de procédures; elles sont réformées par l'art. 612. D'après cet article, faute par le saisissant de faire vendre dans le délai fixé, tout opposant, ayant titre exécutoire, pourra, sommation préalablement faite au saisissant, et *sans former aucune demande en subrogation*, faire procéder au récolement des effets saisis et de suite à la vente.

D'après les articles 618 et 619, il n'y aura plus, comme autrefois, double emploi dans les placards imprimés et dans le procès-verbal d'affiche. L'apposition des premiers sera constatée par un exploit auquel sera annexé un exemplaire du placard.

Enfin, par la rapidité imprimée à cette poursuite, les frais de gardien seront considérablement diminués.

Par tous ces moyens, la procédure étant bien simplifiée, les frais étant considérablement diminués, une plus grande partie du prix arrivera à sa destination naturelle et légale, à la libération du débiteur.

Les droits des tiers sont conservés par l'art. 608, qui, en même tems qu'il autorise la réclamation, établit une procédure simple et rapide pour la faire juger.

L'art. 594, veille aussi, dans un objet essentiel, à l'intérêt des tiers. Il prévoit le cas de saisie d'animaux et ustensiles servant à l'exploitation des terres. Les créanciers, le propriétaire lui-même, ont intérêt à ce qu'il soit établi un gérent à l'exploitation : c'est le juge de paix qui doit l'établir ; mais comme le propriétaire a le plus grand intérêt à ce que cette exploitation ne soit pas confiée à un homme qui pourrait, par ignorance ou méchanceté, lui faire des torts irréparables, il doit être particulièrement consulté sur ce choix et entendu par le juge.

Enfin, par les art. 592 et 593, nous avons désigné avec quelque détail les objets qui ne pourraient être saisis ; et nous avons dû sortir du cercle étroit dans lequel l'ordonnance de 1667 avait resserré ces favorables exceptions.

Ainsi, aux exceptions consacrées par cette ordonnance, nous avons ajouté, 1.° les outils des artisans nécessaires à leurs occupations personnelles;

2.° Les machines et instrumens servant à l'enseignement pratique ou exercice des sciences et arts, jusqu'à concurrence d'une somme de 300 fr. et au choix du saisi;

3.° Les livres relatifs à la profession du saisi, jusqu'à la concurrence de la même somme et à son choix.

Après avoir, dans ces trois additions, rendu hommage aux lettres, aux sciences, aux arts et à l'industrie, pouvions-nous, sur-tout dans les circonstances actuelles, ne pas rappeler la disposition de l'ordonnance de 1629, relative aux équipemens militaires ? Ah ! sans doute il faut respecter les instrumens, les machines et les livres qui, dans les mains de l'ouvrier, du savant et de l'homme de lettres malheureux, peuvent encore servir à l'accroissement du bonheur et des lumières dont s'enorgueillit la patrie ; mais il faut que la loi laisse dans les mains du guerrier, comme un objet de reconnaissance et de culte, comme un objet sacré, ces armes qui ont assuré et qui seules encore peuvent maintenir notre indépendance.

TITRE IX.

De la Saisie des fruits pendans par racine ou de la Saisie brandon.

Les formalités particulières à cette 3.e voie d'exécution forcée, ne sont susceptibles d'aucune observation : elles sont simples et peu nombreuses. Il était nécessaire de les recueillir pour substituer ce mode simple et uniforme aux procédures plus ou moins compliquées et toutes opposées entre elles, qui étaient adoptées dans les diverses parties de cet Empire.

TITRE X.

De la Saisie des rentes constituées sur particuliers.

Par sa nature la rente constituée est purement mobilière ; mais dans nos habitudes et comparée aux autres propriétés mobilières, cette rente semble approcher de l'immeuble, et exige, pour être saisie et vendue, des formalités plus sévères que n'en demandent les créances qui peuvent être atteintes par l'opposition ou par la saisie-arrêt.

Nous n'avons pu trouver les élémens du Code spécial de ce quatrième mode d'exécution dans l'ancien ordre de choses. Alors toutes les rentes foncières et quelques autres espèces de rentes étant réputées immeubles, étaient, pour la saisie ou la vente, soumises aux longues et dispendieuses formalités des décrets.

Pour la saisie et la vente des rentes sur le roi, qui étaient réputées mobilières, on avait établi des règles plus simples; mais ces règles, établies sur des bases et des données qui ne subsistent plus, étaient d'ailleurs encore éloignées du degré de simplicité dont cette matière est susceptible; ajoutons qu'elles ne régissaient point les autres rentes constituées réputées mobilières et qui étaient soumises pour la saisie et la vente à autant de formalités différentes qu'il y avait de cours souveraines et de coutumes générales ou particulières.

L'uniformité et la simplicité de la poursuite établie par ce titre 10, est donc un nouveau bienfait dont on ne tardera pas à sentir toute l'étendue.

La rente étant déclarée meuble par nos lois, et touchant à l'immeuble par son importance, se trouve placée dans une classe mitoyenne, entre le meuble et l'immeuble. La poursuite organisée pour parvenir à cette vente, participera donc beaucoup de *la saisie-arrêt*, et *de la saisie-immobilière*.

Ainsi, la saisie de la rente comme la saisie de l'immeuble ne pourra avoir lieu qu'en vertu d'un titre authentique et exécutoire.

Comme l'immeuble, la rente doit être vendue sur publication à l'audience du tribunal, sur cahier de charges déposé au greffe, et d'après des placards pour l'apposition desquels tout ce qui est prescrit au titre des saisies immobilières sera observé.

Les enchères devront être reçues par le ministère d'avoués.

Et les formalités prescrites au titre des saisies immobilières, pour la rédaction du jugement d'adjudication, l'acquit et les conditions du prix et la vente sur folle enchère, seront observées lors de l'adjudication des rentes.

Mais la rente étant, comme la créance ordinaire, un capital dans les mains d'un tiers, le créancier qui veut la saisir, doit remplir toutes les formalités prescrites au titre des saisies-arrêts, et le tiers saisi, débiteur de la rente, n'est soumis à d'autres formalités que celles établies pour la déclaration affirmative.

Mais quand il s'agit d'une rente, le silence du tiers saisi, sa déclaration tardive pouvant causer des préjudices plus graves que ceux occasionnés dans une circonstance analogue par le tiers saisi, débiteur d'une simple créance, ce silence pouvant occasionner des frais d'affiches, d'enchères et d'adjudications, etc., la loi punit plus sévérement le silence du tiers saisi, débiteur de la rente, que le silence du tiers saisi débiteur d'une créance ordinaire. Le tiers saisi, débiteur de la rente, qui ne fait pas la déclaration ou qui la fait tardivement, ou qui ne fait pas les justifications ordonnées, pourra, d'aprés l'article 638 et selon les cas, être condamné à servir la rente, faute d'avoir justifié de sa libération, ou à des dommages-intérêts résultant, soit de son silence, soit du retard apporté à faire sa déclaration, soit de la procédure à laquelle il aura donné lieu.

Le

Le prix de la rente vendue, ainsi que celui résultant, soit de la vente par saisie-brandon ou par saisie-exécution, soit de la poursuite par saisie-arrêt, étant chose mobilière, doit, s'il ne suffit pas pour payer tous les créanciers, être distribué entre eux au marc la livre, et par contribution; c'est ce qui est réglé par le titre suivant.

TITRE XI.

De la Distribution par contribution.

L'ordonnance de 1667 était encore muette sur cette partie très-importante de l'exécution; elle était régie par autant de réglemens particuliers qu'il y avait de cours souveraines, et, pour ainsi dire, de juridictions particulières.

On ne suivait point au Châtelet de Paris la même marche qu'au Palais; et il fallait encore d'autres régles pour les pays où les meubles étaient susceptibles d'hypothéques.

Le Code civil ayant applani toutes les difficultés, nous avons pu choisir les formes les mieux appropriées à la matière.

Les formalités observées au Châtelet de Paris étaient d'une assez grande simplicité. Elles consistaient en trois sommations aux créanciers de produire leurs titres devant le commissaire. Ces trois sommations faites, le commissaire dressait un procès-verbal de son opération, et adressait, en conséquence, à chacun des créanciers un mandement pour le montant de ce qu'il devait toucher.

Plus souvent cette opération se faisait à l'amiable.

Il faut croire cependant que, malgré sa simplicité, cette théorie se prêtait à quelques abus; car, même au Châtelet de Paris, une poursuite de contribution dans laquelle il y avait un certain nombre de créanciers et quelques privilégiés, absorbait toujours la majeure partie et quelquefois la totalité du prix à distribuer.

Les abus produits sous l'influence d'une procédure aussi simple peuvent faire deviner quels abus ont dû enfanter des procédures plus compliquées: ils étaient énormes: et la contribution achevait la ruine du débiteur sans aucun profit pour ses créanciers.

Nous avons emprunté au Châtelet de Paris ses formes simples; mais nous avons tari la source des abus, soit en établissant une procédure rapide pour régler le sort des privilégiés, soit en débarrassant ce système et de ces assignations nombreuses données à tous les opposans, et de ces inutiles et dispendieuses dénonciations qui enfantaient tant d'écritures, de jugemens et de frais.

Nous ne nous sommes pas dissimulé, cependant, que malgré la simplicité du système que nous avons organisé, on ne devait permettre d'y avoir recours qu'après que tout espoir d'une distribution à l'amiable serait perdu.

Dans le mois qui suit la vente, les créanciers seront tenus de convenir de la distribution par contribution. Cette disposition, quoique to te facultative, est conçue en style impératif, pour que les juges et les créanciers soient bien pénétrés du vœu du législateur.

Faute d'un arrangement amiable, la somme à distribuer est consignée.

Il est tenu au greffe un registre des contributions.

Sur un simple acte fait sur ce registre par le poursuivant, ou, à son défaut, par la partie la plus diligente, le juge nomme un commissaire.

A l'expiration des délais prescrits, ce juge donne son ordonnance, en vertu de laquelle les créanciers sont sommés de produire, et la partie saisie de prendre communication.

Dans le mois, les créanciers doivent produire, à peine de forclusion.

Cette production se fera par un simple acte, qui devra contenir constitution d'avoué et la demande en privilége, s'il y a lieu.

Le délai expiré, le juge-commissaire dresse, ensuite de son procès-verbal, l'état de distribution sur les pièces produites.

Et par un simple acte d'avoué, le poursuivant dénonce cette clôture aux créanciers qui ont produit, et à la partie saisie.

S'il ne s'élève point de contestation, le juge clôt son procès-verbal; et le greffier, d'après l'ordonnance du juge, délivre le mandement à chaque créancier.

S'il s'élève des difficultés, le commissaire en saisit l'audience qui est suivie sur un simple acte, sans procédure.

Le créancier contestant, celui contesté, la partie saisie et l'avoué le plus ancien des opposans, seront seuls en cause.

Et le jugement sera rendu sur le rapport du juge-commissaire.

Cette procédure si simple, et celle établie pour l'ordre sur les mêmes principes, pourront exciter quelques plaintes : vous penserez, Messieurs, qu'elles ne seront formées ni par les débiteurs ni par les créanciers, mais par ceux qui regretteront les abus qui faisaient la ruine des uns et des autres.

Après avoir épuisé tous les moyens d'exécution sur les meubles, le projet de Code organise la procédure à suivre pour l'exécution sur les immeubles.

TITRE XII.

De la Saisie immobilière.

L'ordonnance de 1667, qui avait organisé avec quelques détails la saisie-exécution, ne s'est point occupée de la saisie immobilière. Il est difficile de deviner les motifs de ce silence, qui a laissé la France entière pendant plus d'un siècle et demi, livrée, dans cette partie de la législation, à la plus désastreuse anarchie.

François I.er, en 1539, et Henri II, en 1551,

avaient essayé de régler cette importante partie de l'exécution des jugemens ; mais la majeure partie des dispositions contenues dans ces lois, était regardée par beaucoup de tribunaux, comme tombée en désuétude ; beaucoup d'autres tribunaux ne les exécutaient en aucune manière.

Ces deux lois fondamentales de l'ancien *Code des criées*, n'avaient pas, d'ailleurs, prévu avec assez de soin beaucoup de circonstances et de difficultés ; il a donc fallu, même dans les ressorts où elles recevaient une sorte d'exécution, ajouter des formalités nouvelles à celles qu'elles prescrivaient. Ces formalités étaient établies par des déclarations générales ou particulières à un tribunal, par des réglemens de cours souveraines, par l'usage et la jurisprudence, et par les coutumes.

De là, incohérence dans tout le système ; obscurité, incertitude dans la législation ; de là, d'inextricables difficultés, des procès éternels ; de là, ces poursuites dont le premier acte pouvait remonter à plus d'un siècle, qui, transmises et vendues comme un héritage, enrichissaient successivement plusieurs officiers ministériels aux dépens des débiteurs et des créanciers dont les droits s'anéantissaient par l'extinction ou la dispersion de leur postérité.

Nous avons cependant vécu jusqu'en l'an 7, au milieu de ces lois bisarres, incohérentes et contradictoires, que l'opinion publique et la révolution avaient frappées du sceau d'une universelle réprobation.

Qu'arriva-t-il alors ? Trop frappés des abus et des

inconvéniens enfantés par ces formalités bizarres, multipliées et compliquées, les législateurs de l'an 7 donnèrent dans l'extrême opposé ; et par eux, la procédure fut simplifiée à cet excès, que le propriétaire pouvait être aussi facilement dépouillé d'un domaine que d'un meuble. Avec les meilleures intentions, ils n'ont pas assez senti que, s'il faut briser les entraves qui paralysent l'action de la justice, il ne faut pas se priver des formes tutélaires qui défendent la propriété contre la surprise ; que toutes les saisies ne sont pas également bien fondées, et que le propriétaire injustement poursuivi, doit obtenir de la loi le temps nécessaire pour démontrer la nullité ou l'inefficacité du titre qu'on lui oppose ; qu'il faut qu'il trouve, dans des délais sagement ménagés, un temps raisonnable pendant lequel, s'il doit, il pourra user de ses ressources pour empêcher, par un paiement, une expropriation qui le ruinerait.

Enfin, dans la rédaction de la loi de l'an 7, on ne s'est point assez occupé des tiers-propriétaires, créanciers ou ayant des droits quelconques sur le bien saisi; et leur intérêt a été sacrifié au désir d'une simplification exagérée.

Nous marchions entre ces deux écueils; nous les avons évités : et dans le système que nous vous présentons, nous croyons avoir, autant que cela était possible, concilié tous les intérêts en évitant tous les excès.

Un commandement doit précéder d'un mois la saisie.

Il ne sera plus recordé de témoins; mais copie

en sera laissée au maire qui devra le viser. Cette formalité procure la publicité que ne donna jamais la présence faussement attestée des *recors.*

Un procès-verbal devra désigner avec précision les objets saisis. L'huissier devra se transporter sur les lieux. Son transport ne sera point prouvé par les *recors*, mais par le visa des maires et greffiers des justices de paix, à qui copie du procès-verbal sera laissée.

Aux moyens exigés jusqu'à ce jour pour procurer une désignation précise des objets saisis, nous avons cru devoir ajouter que le procès-verbal de saisie contiendra l'extrait de la matrice de rôle de la contribution foncière, pour tous les articles saisis. Cette disposition donne aux propriétaires une sécurité qu'aucune loi ne leur avait encore pu procurer. Elle remplace pour eux, avec beaucoup d'avantage, même le bail judiciaire et la publicité que donnait l'expropriation qui en était le résultat. En effet, cette expropriation, et par conséquent la publicité qui n'avait que cette expropriation pour base, ne pouvait être appliquée dans plusieurs circonstances ; par exemple, dans la saisie d'une nue propriété ; et, dans tous les cas, l'avertissement, résultat de cette expropriation quelquefois impossible et souvent équivoque, ne pouvait être donné que par autrui.

Dans notre système, au contraire, le propriétaire n'a pas besoin d'être troublé, n'a pas même besoin d'être averti. Il suffit pour sa parfaite sécurité qu'il fasse porter son nom sur le rôle des contributions ; et par cette précaution bien simple qu'on ne peut l'empêcher de prendre, il se met lui-même hors d'atteinte de tout trouble, de toute perte, de toute surprise.

Je reviens à la marche de la procédure.

Le procès-verbal de saisie immobilière doit être transcrit au bureau des hypothèques de la situation des biens.

Il doit l'être dans la quinzaine suivante au greffe du tribunal où se fera la vente.

Le procès-verbal doit, dans la quinzaine du jour du dernier enregistrement, être dénoncé au saisi.

Dans les trois jours de l'inscription au greffe, il doit être mis par extrait dans un tableau placé dans l'auditoire.

Pareil extrait doit être inséré dans les journaux; imprimé en forme de placards et affiché.

Un exemplaire de ce placard doit être, huit jours au moins avant la publication du cahier des charges, notifié aux créanciers inscrits au domicile élu par leurs inscriptions.

Et quinzaine au moins avant cette première publication, le poursuivant dépose au greffe le cahier des charges qui doit contenir une mise à prix.

La première publication doit se faire un mois au moins, et six semaines au plus après la notification faite à la partie saisie, du procès-verbal d'affiche.

Trois publications au moins de quinzaine en

quinzaine doivent précéder l'adjudication préparatoire. Il a paru superflu de faire un article pour expliquer que par ces expressions de *quinzaine en quinzaine*, on entend ce qui se pratique journellement ; c'est-à-dire, que la publication faite, par exemple, un des jours de la première semaine du mois, doit être renouvelée à pareil jour de la troisième semaine.

Huit jours au moins avant cette adjudication préparatoire, insertion nouvelle aux journaux et apposition de placards dont l'impression a été faite pour servir à la première apposition. Ces nouveaux placards contiendront, en outre, par une addition manuscrite, l'indication du jour où se fera l'adjudication préparatoire.

Enfin, six semaines au moins après l'adjudication préparatoire, et au jour indiqué par une nouvelle annonce insérée aux journaux, et par de nouveaux placards qui contiendront la mention de l'adjudication préparatoire, et du prix moyennant lequel elle a été faite, l'adjudication définitive sera faite à l'extinction des feux.

Voilà, en quelques lignes, tout le système de l'expropriation forcée. Comparé au système trop rapide et incomplet de la loi de l'an 7, comparé au système incohérent, bizarre et spoliateur qui l'a précédé, il n'a aucun des inconvéniens qui flétrissent ces deux systèmes ; il réunit tous les avantages qu'on demanderait vainement à l'un ou à l'autre.

Dans un intervalle de cinq mois et quelques jours, à compter du commandement, et de quatre mois à compter du procès-verbal de saisie, le créancier pourra mettre à fin une poursuite qu'aucun incident n'aura arrêtée.

Mais aussi, sans susciter aucune difficulté mal fondée, la partie saisie obtient de la loi ces cinq mois, pendant lesquels elle peut trouver les moyens d'opérer sa libération autrement que par la vente de ses propriétés.

Dans ce système, vous aurez remarqué que c'est encore en évitant les excès opposés, que c'est encore en conciliant les intérêts différens du saisi, du saisissant et des tiers, que nous avons fixé le nombre des actes et des formalités dont se compose cette poursuite. Nous nous sommes tenus également éloignés et d'une parcimonie qui, anéantissant toute publicité, aurait compromis tous ces intérêts; et d'une prodigalité qui, multipliant sans mesure ces formalités et ces actes, aurait sacrifié tous ces intérêts à l'intérêt des officiers ministériels. Mais cette modération même nous a permis d'exiger avec sévérité que chacun de ces actes ne pût être la cause ou l'occasion de quelque abus. C'est sur-tout dans cette vue, qu'en prononçant, (art. 686), que *les originaux du placard et le procès-verbal d'apposition ne pourraient être grossoyés sous aucun prétexte,* nous avons rayé de cette procédure ces volumineux procès-verbaux dont les nombreuses copies présentaient aux hommes de justice peu délicats, au détriment du saisi et de ses créanciers, d'aussi scandaleux bénéfices.

Quoique les moyens de publicité exigés pendant le cours de la procédure, quoique les placards affichés à trois différens intervalles, quoique les délais sagement accordés, dussent suffire pour assurer qu'aucune surprise ne pourrait être faite et que l'immeuble saisi serait vendu au meilleur prix, cependant on a pensé qu'il y avait beaucoup d'avantage sans aucun inconvénient à autoriser une surenchère.

Mais en l'autorisant, il a paru juste, 1.° d'exiger qu'elle fût au moins du quart du prix principal de la vente; 2.° que cette surenchère ne fût reçue qu'à la charge par le surenchérisseur d'en faire, à peine de nullité, la dénonciation dans les 24 heures aux avoués de l'adjudicataire, du poursuivant et de la partie saisie; 3.° qu'il ne pût y avoir de concours qu'entre l'adjudicataire et le surenchérisseur.

Enfin, et sans m'arrêter à quelques autres dispositions dont la sagesse est évidente, je finirai mes observations sur ce titre, en vous faisant remarquer que l'article qui le termine, et qui en est en quelque sorte la disposition pénale, empêchera bien des contestations de naître, au moyen de ce qu'il énonce avec précision quelles sont celles des formalités prescrites par la loi, qui devront être observées *à peine de nullité.*

TITRE XIII.

Des incidens sur la poursuite de saisie immobilière.

La théorie de la vente forcée des immeubles serait incomplète, si l'on n'avait pas prévu les incidens que cette poursuite voit naître ordinairement, et si l'on n'avait pas établi des régles particulières pour faire prononcer promptement sur ces incidens.

Ces incidens sont ou antérieurs, ou postérieurs à l'adjudication définitive.

Ceux antérieurs à l'adjudication sont élevés, ou par un créancier qui a fait une saisie ou antérieure ou plus ample, et qui demande une subrogation; ou par un tiers qui demande, soit la conservation d'une charge dont l'héritage saisi est grevé à son profit; soit la distraction d'une partie des immeubles saisis; soit la totalité de ces immeubles, comme lui appartenant; ou par la partie saisie elle-même, qui attaque le titre en vertu duquel se fait la saisie, ou qui fait valoir contre la poursuite quelques moyens de nullité.

On commence par établir une régle commune à tous ces incidens. Ils doivent être jugés sommairement dans les cours et dans les tribunaux.

Les articles suivans réglent tout ce qui concerne les contestations qui peuvent s'élever entre deux saisissans qui se disputent une poursuite ou qui demandent une subrogation.

Ces contestations engendraient autrefois des frais immenses, et faisaient perdre un temps considérable; les intéressés finissaient le plus ordinairement par s'accorder, et les frais de l'incident étaient presque toujours payés par privilége.

Vous verrez par les articles 719 et suivans, jusqu'à l'article 724, ces contestations appréciées à leur juste importance; vous verrez de simples actes remplacer de longues procédures, et un jugement prompt terminer le débat.

L'article 722 définit la *négligence* sur laquelle peut s'établir une demande en subrogation; et d'après l'article 724, *si le poursuivant a contesté la subrogation*, les frais de la contestation *seront à sa charge et ne pourront, en aucun cas, être employés en frais de poursuite et payés sur le prix.*

Tout ce qui regarde les demandes en distraction est réglé par les articles 726 et suivans, jusqu'à l'article 731.

Dans ces articles, en conservant les anciennes régles relatives aux demandes en distraction, on en a simplifié la procédure; et, pour ces cas, les délais accordés pour l'appel ont été abrégés.

Ces articles ne disent point à quelle hauteur de la procédure les demandes à fin de charge ou de distraire doivent être formées; ils n'opposent à cet égard aucune fin de non-recevoir; et l'art. 751 du projet, rappelant dans les mêmes termes la disposition consacrée par l'article 25 de la loi de l'an VII, *décide que l'adjudication définitive ne transmet à l'adjudicataire d'autres droits à la propriété que ceux qu'avait le saisi.* C'est en grande connaissance de cause que cette disposition a été insérée dans le Code, et qu'il a été, par conséquent, décidé que l'*adjudication sur poursuite de saisie immobilière ne purgeait point la propriété.*

On ne s'est point dissimulé que le système opposé procurait quelques avantages; mais on a été obligé de reconnaître qu'ils étaient balancés par de plus graves inconvéniens. Un respect profond pour la propriété a dû l'emporter sur toute autre considération; et lorsque l'article 1599 du Code civil prononce que la vente de la chose d'autrui est nulle, il était impossible que le Code de procédure consacrât une maxime qui eût produit un résultat contraire.

L'art. 726, l'art. 733 et suivans règlent la procédure relative aux incidens que peut élever le saisi.

S'il attaque le titre en vertu duquel se fait la saisie, c'est à-dire, s'il interjette appel du jugement qui fait la base de la poursuite, l'art. 726 veut qu'il soit tenu d'intimer sur cet appel, et de dénoncer l'intimation au greffier du tribunal devant lequel se poursuit la vente; et ce, trois jours au moins avant la mise du cahier des charges au greffe: sinon l'appel ne sera pas reçu.

La procédure relative aux incidens élevés par le saisi, et qui n'ont pour objet que des nullités, est tracée par l'art. 733 et suivant.

Les moyens de nullité contre la procédure qui précède l'adjudication préparatoire, ne peuvent plus être proposés après ladite adjudication.

Si les moyens proposés en temps utile ont été rejetés par jugement, l'appel de ce jugement ne sera pas reçu s'il n'est interjeté avec intimation dans la quinzaine de la signification à avoué.

S'il s'agit de nullités contre les procédures postérieures à l'adjudication préparatoire, elles devront être proposées par requête avec avenir à jour indiqué, vingt jours au moins avant celui indiqué pour l'adjudication définitive, et l'appel du jugement qui aura prononcé ne sera plus reçevable huitaine après la prononciation du jugement.

Il vous paraîtra sans doute difficile de présenter, pour la discussion et la conservation d'intérêts aussi graves, des formes de procéder qui, avec moins de formalités et plus de rapidité, laissent cependant autant de latitude à la défense.

Tous ces incidens sont antérieurs à l'adjudication. La loi a dû s'occuper de ceux ou plutôt de l'unique incident qui peut la suivre, c'est-à-dire, de celui qui s'élève lorsque l'adjudicataire n'exécutant pas les clauses d'adjudication, l'immeuble adjugé doit être vendu à sa folle enchère; les articles 737 et suivans règlent la procédure pour parvenir à cette revente; et par l'article 744, en prononçant *que le fol enchérisseur est tenu par corps de la différence de son prix d'avec celui de la revente sur folle enchère;* car la loi mettra sans doute un terme à la scandaleuse multiplicité des folles enchères, et bannira des audiences ces bandes d'agioteurs qui spéculent avec tant d'audace sur ces abus.

TITRE XIV.

De l'Ordre.

L'immeuble est vendu ; il ne s'agit plus maintenant que d'en distribuer le prix aux créanciers.

Aucune loi générale ne réglait cette distribution, sur laquelle l'ordonnance de 1667, qui ne s'est point occupée des saisies immobilières, a dû garder le silence.

Autant d'usages que de juridictions. Dans quelques provinces de France, en tres-petit nombre, l'ordre sed ressait avant la vente et pendant la poursuite.

Dans la grande majorité, l'ordre suivait l'adjudication.

Dans quelques tribunaux, les frais d'ordre montaient à des sommes exorbitantes ; dans quelques autres des formes plus simples n'occasionnaient que des frais modérés.

La théorie développée dans le titre qui traite de *la Distribution par contribution*, doit encore faire sentir ici son heureuse influence ; et pour la distribution par ordre comme pour la distribution par contribution, une longue expérience a démontré tous les avantages de cette théorie. Elle était suivie au Châtelet de Paris. Le système hypothécaire nous a permis de la simplifier encore; l'expérience nous a autorisés à la débarasser de quelques abus ; et dans peu d'années, nous osons le le prédire, par son application uniforme, par sa simplicité, par la rapidité de sa marche, et par le peu de frais qu'elle exige, elle aura provoqué et obtenu l'approbation de tous les bons esprits, et les bénédictions des débiteurs et de leurs créanciers.

Quelque simple que soit cette procédure, on a pensé qu'un ordre fait à l'amiable, était encore moins lent, moins dispendieux. C'est dans cette vue que la loi accorde à la partie saisie et aux créanciers un mois, pendant lequel ils peuvent se régler entre eux.

Le mois expiré, l'ordre se poursuit en justice.

Il doit être tenu au greffe de chaque tribunal un registre des adjudications.

Sur ce registre, le requérant l'ordre fait son réquisitoire à la suite duquel le tribunal nomme un juge-commissaire.

Celui-ci ouvre son procès-verbal d'ordre auquel est annexé l'extrait, délivré par le conservateur, de toutes les inscriptions existantes.

Il délivre son ordonnance en vertu de laquelle les créanciers sont sommés de produire leurs titres.

Dans le mois, cette production doit être faite par un simple acte.

Le mois expiré, l'état de collocation est dressé.

Sa confection est dénoncée aux produisans et à la partie saisie avec sommation de prendre communication et de contredire, s'il y échet, sur le procès-verbal du commissaire, et dans le mois.

Faute de satisfaire à la sommation, la forclusion est acquise sans nouvelle sommation ni jugement.

L'ordre est clos, les frais sont réglés, les mandemens sont délivrés et les paiemens effectués.

Rarement, sans doute, on pourra appliquer ce système dans toute sa simplicité.

Il y aura des retards dans les productions.

Il y aura des contestations entre les créanciers.

Tant que l'ordre n'est point clos, il serait injuste de rejeter un créancier, parce qu'il se présenterait après les délais indiqués ; mais il serait également injuste de ne pas lui faire supporter et les frais auxquels sa production tardive aura donné lieu, et les intérêts que le retard aura fait courir ; c'est ce qui a été réglé par l'article 557.

S'il y a des contestations, elles peuvent ne s'élever qu'entre des créanciers qui ne seraient pas des premiers en ordre d'hypothèques ; ces contestations ne peuvent point arrêter, ni retarder le paiement des créanciers qui les précédent ; et l'article 758 décide que ces créanciers seront payés sans être tenus à aucun rapport envers ceux qui produiraient postérieurement.

Le commissaire renvoie les contestans à l'audience. Elle est poursuivie sur un simple acte sans procédure.

Le jugement est rendu sur le rapport du juge-commissaire.

S'il y a appel, il doit être interjeté dans les dix jours de la signification à avoué.

Une disposition sévére, mais aussi sage que sévère, empêchera qu'aucun créancier n'élève légèrement une contestation : c'est celle que contient l'article 770, qui veut que la partie saisie et le créancier sur lequel les fonds manqueront, puissent avoir leur recours contre ceux qui ont succombé dans la contestation pour *les intérêts et les arrérages qui auront couru pendant le cours desdites contestations.*

Aprés avoir réglé avec soin tout ce qui a rapport à la radiation des inscriptions, la loi s'occupe des ordres qui peuvent être la suite d'aliénation, autre que celle par expropriation; elle rappelle et consacre le principe qui veut que l'ordre ne puisse, dans ce cas, être provoqué, s'il n'y a plus de trois créanciers inscrits.

Enfin l'article 778, en autorisant les oppositions en sous-ordre, ordonne que le montant de la collocation soit distribué, comme chose mobilière, entre tous les créanciers inscrits ou opposans *avant* le jugement d'ordre.

TITRE XV.

De l'Emprisonnement.

Après avoir établi les régles d'après lesquelles les jugemens doivent être exécutés sur les biens du débiteur, le législateur a dû s'occuper de celles qui doivent diriger le plus rigoureux de tous les moyens d'exécution, celui qui s'exerce sur le débiteur lui-même par l'emprisonnement de sa personne.

Dans les treize articles qui composent le titre 43 de l'ordonnance de 1667, les rédacteurs de cette ordonnance avaient traité une matière plutôt analogue que semblable à celle dont il s'agit dans ce titre. La majeure partie du titre de l'ordonnance est employée à spécifier quelles condamnations et quelles personnes sont susceptibles de contrainte par corps ; les moyens d'exécution n'ont presque point occupé les rédacteurs.

Notre Code civil a prononcé sur les questions du fond. Nous n'avions plus à traiter, dans la partie du Code que j'ai l'honneur de vous présenter, que les formes de la procédure qui doivent procurer l'exécution du jugement qui a prononcé la contrainte par corps.

Cette partie de notre législation était, plus que toutes les autres encore, dans l'ancien ordre de choses, remplie d'abus et de contradictions.

Les cas de contraintre par corps étaient, malgré les formes établies en 1667, beaucoup trop multipliés ; et pour parer à cet inconvénient de la loi, on avait introduit dans son application, et sur-tout dans l'exécution du jugement, une foule de nullités. C'était autant de piéges tendus aux plaideurs.

On avait reconnu qu'il était très-facile au débiteur de se soustraire à cette exécution, soit par la fuite, soit en restant enfermé dans un domicile que la loi déclarait toujours inviolable. Pour échapper à ces inconvéniens, les huissiers ne se faisaient aucun scrupule de dérober au débiteur la connaissance de la signification du jugement, que le débiteur ne connaissait presque jamais qu'au moment même de la capture.

Peu à peu les tribunaux sentirent la nécessité de faire faire la signification du jugement par un huissier commis; et enfin, par un édit de 1778 qui créa les officiers gardes du commerce, des formes et des règles nouvelles furent établies à la faveur desquelles le créancier pût exercer avec plus d'effet ses droits contre le débiteur, qui ne fut plus exposé à des surprises.

Mais cette amélioration dans la législation ne fut établie que pour Paris : le reste du royaume resta sous l'influence des mêmes abus, des mêmes prévarications.

Ces abus sont réformés, ces prévarications deviennent impossibles dans cette partie du projet de Code, qui, en rendant praticable et facile ce rigoureux moyen d'exécution, en écarte les vexations qui l'ont souvent rendu odieux.

Aucune contrainte par corps ne pourra être mise à exécution qu'un jour après la signification, avec commandement, du jugement qui l'a prononcé; et cette signification devra être faite par un huissier commis.

Le projet fixe ensuite les heures, jours et lieux où le débiteur ne pourra être arrêté; mais en prononçant, sous le paragraphe 5 de l'article 781, qu'il ne pouvait être arrêté dans une maison quelconque, même dans son domicile; la loi ajoute, *à moins qu'il n'eût été ainsi ordonné par le juge de paix du lieu, lequel juge de paix devra, dans ce cas, se transporter dans la maison avec l'officier ministériel.*

Par cette disposition ainsi modifiée, le principe de l'inviolabilité du domicile est respecté; les abus crians, qui seraient la conséquence nécessaire du principe contraire, sont écartés; et cependant la loi qui a établi la contrainte par corps, cesse d'être une illusion; le jugement recevant sans trouble son exécution, les créanciers ni les huissiers n'ont plus besoin de recourir à des violences qui étaient souvent suivies des plus funestes accidens.

Je ne m'arrêterai point sur les articles suivans, qui ne font que rappeler les principes qui n'ont jamais été contestés et qui sont relatifs soit aux formalités qui doivent être constatées par le procès-verbal d'emprisonnement et par l'écrou du débiteur, soit aux alimens, soit aux recommandations; je me contenterai d'arrêter un moment votre attention sur quelques articles qui contiennent ou des dispositions nouvelles ou des décisions sur quelques points controversés.

Ainsi, dans l'article 792, vous remarquerez la disposition d'après laquelle *celui qui est arrêté comme prévenu d'un délit peut aussi être recommandé, et doit être retenu par l'effet de la recommandation, encore que son élargissement ait été prononcé et qu'il ait été acquitté du délit.*

Ainsi, l'article 796 décide que la nullité de l'emprisonnement, pour quelque cause qu'elle soit prononcée, n'emporte point la nullité des recommandations.

Ainsi, d'après les articles 797 et 799, le débiteur dont l'emprisonnement a été déclaré nul, peut obtenir des dommages-intérêts; mais aussi il peut être arrêté un jour franc après sa sortie.

Ainsi, le paragraphe V de l'article 800 décide la question long-tems controversée, que le privilége du septuagénaire s'applique à celui qui *commence* sa 70e année.

Dans ce titre, le législateur ne doit pas craindre d'établir franchement, les conséquences nécessaires d'un principe dont l'admission a été jugée indispensable; et puisque la contrainte par corps a été adoptée par le Code, cette contrainte doit recevoir son exécution. Qu'elle soit une peine, comme l'ont pensé quelques jurisconsultes, qu'elle ne soit, comme d'autres l'affirment, qu'un moyen de forcer au paiement un débiteur que l'on présume tenir ses biens cachés, tous doivent au moins convenir que cette disposition rigoureuse inspire une crainte salutaire, prévient des spéculations hasardées, et peut seule arracher de quelques commerçans ce que la bonne foi obtient du plus grand nombre. Nous avons donc dû écarter toutes ces nullités fondées sur des moyens de pure considération; nous n'avons pas dû voir sur-tout l'affranchissement de la contrainte par corps dans un défaut de formes. Nous avons aussi dû sans doute rassurer le débiteur contre toute espèce de surprise; mais, à cet égard, les plus grandes précautions ont été prises; et parmi ces précautions, il en est une que vous aurez remarquée, celle qui laisse au débiteur arrêté la faculté de se faire conduire devant le juge du lieu, qui, après l'avoir entendu, rend un jugement provisoire sur référé.

Ces jugemens sur *référé*, introduits par la seule force des choses, inconnus dans quelques parties de l'Empire, avaient besoin d'être mieux définis et régularisés; c'est ce qui a été fait par le titre qui termine cette partie du Code.

TITRE XVI.

Des Référés.

Notre projet du Code, comme toutes les lois qui ont traité de la procédure, fixe des délais avant l'expiration desquels aucun jugement ne peut être prononcé.

On a reconnu que les mêmes délais ne pouvaient convenir à tous les cas; et ils ont été pour certaines circonstances plus rapprochés, selon que ces circonstances requièrent plus ou moins de célérité.

Mais il n'est pas un homme, ayant l'expérience des affaires, qui n'ait eu occasion de reconnaître très-souvent qu'il est des circonstances dans lesquelles le délai d'un seul jour, et même le délai de quelques heures, peuvent être la source des plus grandes injustices, et causer des pertes irréparables.

C'est dans les grandes villes, c'est sur-tout dans

cette capitale et au milieu de son immense population que cette vérité est, à chaque instant du jour, reconnue.

Aussi dès 1685, un édit donné pour l'administration de la justice du Châtelet de Paris, ordonne que dans plusieurs cas, dont il fait une longue énumération, *le lieutenant civil pourra ordonner que les parties comparaîtront le jour même dans son hôtel pour y être entendues et être par lui ordonné par provision ce qu'il estimera juste.*

L'existence de cet édit nous permet de supposer qu'il n'a fait que confirmer ou régulariser un usage introduit bien antérieurement; usage que nous retrouvons encore dans cette assignation verbale, dans cette *clameur de haro*, à laquelle les habitans de l'ancienne Normandie obéissaient avec une respectueuse soumission.

Ce qui pouvait en 1685 n'être qu'utile, doit être, sans contredit, reconnu indispensable en 1806. Il ne s'agit plus que de coordonner cette institution au système général, et d'empêcher qu'on ne puisse en abuser.

D'après l'article 806, on ne doit prendre la voie du *référé* que dans les cas d'*urgence*, ou lorsqu'il s'agira de statuer provisoirement sur les difficultés relatives à l'exécution d'un titre exécutoire ou d'un jugement.

Les lignes tracées par la seconde partie de cette disposition sont assez fortement prononcées pour qu'on ne puisse les franchir sans une évidente mauvaise foi.

Quelques personnes ont paru craindre qu'il ne fût plus facile d'abuser du *cas d'urgence* dont parle la première partie, et de faire porter, sous cette dénomination, à l'hôtel du président ou à l'audience des référés dont parle l'article 807, des contestations qui devraient être portées à l'audience ordinaire du tribunal.

Nous croyons que cette inquiétude n'est pas fondée, et que, sans rappeler la longue nomenclature des cas prévus par l'édit de 1685, la loi s'explique assez clairement en n'attribuant à l'audience des *référés* que les *cas d'urgence*. Le discernement et la probité du président ou du juge délégué feront le reste. Renvoyant à l'audience les contestations qui ne seraient portées en l'hôtel que par une indiscréte et avide précipitation, il n'hésitera point à prononcer sur celles auxquelles le moindre retard, ne fût-il que de quelques heures, peut porter un préjudice irréparable.

L'article 809, qui ordonne l'exécution provisoire de ces ordonnances et qui les soustrait à l'opposition, empêche en même temps les abus qui pourraient en résulter, en prononçant que ces ordonnances ne font aucun préjudice au principal; que par conséquent elles sont essentiellement provisoires, et qu'elles ne pourront jamais devenir définitives que par un jugement d'audience.

En sanctionnant ce principe, vous ferez sans doute, Messieurs, avec nous le vœu que l'audience soit cependant rarement saisie de la contestation sur laquelle le juge aura déjà prononcé provisoirement en son hôtel. Vous désirerez, pour le bonheur des justiciables, que les jugemens sur référé soient dans les départemens ce qu'ils sont encore aujourd'hui dans la capitale, c'est-à-dire, l'extinction totale et *définitive par fait*, d'une immense quantité de contestations qui, aux yeux de la loi, ne sont jugées que provisoirement. Puissent les présidens des tribunaux se pénétrer de tout le bien qu'ils pourront opérer en faisant ainsi de leur hôtel, par des jugemens équitables, un temple de conciliation! puissent-ils imiter, faire revivre en leur personne, et en exerçant ces augustes et paternelles fonctions, ces magistrats célébres, les Dargouges, les Dufour, les Angran d'Alleray, qui, chaque soir, environnés de jeunes légistes dont ils fécondaient les talens, dont ils éclairaient le zéle, anéantissaient par des jugemens provisoires rendus en leur hôtel, plus de procès qu'ils n'en avaient terminé par les jugemens définitifs rendus le même jour à l'audience du matin.

EXPOSÉ DES MOTIFS

Du Livre I.er de la deuxième partie du projet du Code de Procédure civile, présenté au Corps législatif, par M. BERLIER, *Conseiller d'État*

Séance du 12 Avril 1806.

MESSIEURS,

Le projet que SA MAJESTÉ nous a chargés de vous présenter fait partie de ceux qui doivent entrer dans la composition du Code de la procédure civile.

Déjà vous connaissez la partie de ce travail qui s'applique au mode ordinaire d'instruire et de juger les contestations qui s'élèvent entre les citoyens.

L'on vous a donné connaissance aussi de ce qui regarde l'exécution des jugemens.

Mais l'instruction des procès, dans le sens attaché à ce mot, et l'exécution des jugemens, sont loin d'embrasser toutes les actions judiciaires que comportent les besoins de la société.

C'est, d'après cette pensée, que les hommes qui, les premiers, s'étaient occupés du grand et utile projet de donner à la France un Code civil, se proposaient d'y insérer un livre intitulé : des *Actions*, dans lequel la procédure eût été comprise, comme l'espèce l'est dans le genre, et où se fussent réunies toutes les autres actions judiciaires.

Si ce premier plan n'a pas été suivi, et si l'on a renoncé à un titre, plus exact peut-être, mais dont la généralité eût rendu l'acception plus vague, le fond de la pensée est resté, et va se réaliser aujourd'hui, en insérant dans le Code dit *de la Procédure*, toutes les actions, même celles qui, sans constituer essentiellement des procès, peuvent intéresser le ministère du juge, ou celui des officiers de justice.

Sous ce point de vue, le Code qui vous est soumis aura l'avantage d'avoir réglé beaucoup d'objets que n'embrassait point l'ordonnance de 1667.

En effet, cette ordonnance, dont plusieurs dispositions ont mérité d'être maintenues dans la partie du nouveau Code, qui traite de la procédure ordinaire, n'en offre qu'un bien petit nombre d'analogues aux titres qui vont vous être présentés.

C'est dans des édits ou déclarations du Roi, dans des statuts locaux et dans la jurisprudence, que se trouvent la plupart des règles qu'on appliquait aux procédures diverses, et il est inutile de dire qu'il y avait, sur plusieurs points, très-peu d'uniformité.

Ces sources ont été consultées; l'expérience a été respectée, non en maître qui commande, mais en guide qui éclaire.

Si l'on a adopté d'assez graves changemens en quelques parties, ils ont été, ou indiqués par les vices reconnus de ce qui se pratiquait autrefois, ou prescrits par le besoin de mettre les nouvelles procédures en harmonie avec les règles posées par le Code civil ; car le but serait manqué, si le nouveau Code n'avait pas toujours en vue la loi fondamentale dont il doit être l'appui, et quelquefois le développement.

Législateurs, après cette exposition générale des vues qui ont présidé à cette partie du travail, je dois vous en faire connaître plus particulièrement les détails, en appliquant séparément à chacun des titres qui composent le premier livre de la II.e partie du Code de procédure, les observations qui les concernent.

Ces titres sont au nombre de douze.

Le premier traite *des Offres de paiement et de la consignation.*

Déjà le Code civil (art. 1257 et suivans) a posé les principes propres à ce mode d'extinction des obligations, et il ne s'agit pas aujourd'hui de les remettre en discussion, mais de régler tant la forme du procès-verbal d'offres, que la procédure à suivre pour faire statuer sur les offres et la consignation.

Les dispositions relatives à cet objet, peu nombreuses et extrêmement simples, n'ont nul besoin d'analyse.

Le titre II traite *de la Saisie-gagerie et de la Saisie-arrêt sur débiteurs forains.*

La saisie-gagerie, ou, en d'autres termes, la saisie à laquelle les propriétaires et principaux locataires de maisons ou biens ruraux font procéder, pour loyers et fermages à eux dus, sur les effets et fruits étant dans leurs bâtimens, ou sur leurs terres, a toujours été considérée comme une action digne de la plus grande faveur.

Cette faveur est due à l'origine de telles créances; elles ont toujours été privilégiées, et l'art. 2102 du Code civil leur a conservé ce caractère.

Ainsi, les effets mobiliers qui garnissent une maison, ou les fruits qui proviennent de la terre, sont le gage naturel du propriétaire de la maison ou du champ.

Mais ce gage est mobile et pourrait échapper, si la loi n'en permettait pas l'appréhension par des voies promptes et faciles.

La saisie-arrêt sur débiteurs forains n'a pas sans doute la même faveur d'origine; mais la présence accidentelle du débiteur devient pour le créancier un juste motif de pourvoir à ses intérêts par des mesures promptes; car il y a péril dans le retard.

Dans l'une comme dans l'autre de ces espèces, il y a lieu de subvenir au créancier, en dégageant les saisies de quelques-unes des formalités ordinaires, sans néanmoins les en rédimer à tel point qu'elles puissent devenir vexatoires.

Ce sont ces vues qui ont présidé à la rédaction des sept articles qui composent le titre II, et leur simple lecture vous convaincra sans doute que leur objet a été rempli.

Le titre III traite de la *Saisie-revendication.*

Il ne s'agit pas ici de cette revendication qui, en matière de commerce, s'exerce sur la chose vendue et livrée, mais restée intacte dans les mains de l'acheteur.

Ce sera une question peut-être que de savoir si un tel privilége doit exister, et s'il n'engendre pas plus de fraudes que de réels et justes avantages; mais cette question est réservée à la discussion qui s'ouvrira sur le Code de commerce, et notre projet a pris un soin extrême de ne rien préjuger sur les questions de cette nature.

La saisie-revendication, objet de ce titre, est celle que le propriétaire exerce sur sa chose non aliénée et détenue par un tiers.

Comme, dans une telle position, et en matière mobilière sur-tout, le détenteur de la chose aura ordinairement pour lui la présomption de propriété, si elle n'est pas détruite par un titre qui fasse voir que sa possession n'est que précaire, une grande circonspection sera souvent nécessaire pour permettre la saisie; non pourtant qu'il faille toujours l'exhibition d'un acte, mais du moins un examen judiciaire.

Ainsi, nulle saisie-revendication ne pourra procéder que d'une permission accordée par le président du tribunal, et sauf même, s'il y a, après cette permission, refus d'ouvrir les portes ou opposition

opposition à la saisie, à en référer au juge, pendant lequel temps il sera sursis aux poursuites.

Je passe au titre IV.

Ce titre traite *de la Surenchère sur vente volontaire.*

Il peut être considéré comme le complément des dispositions du Code civil sur cette matière, et l'importance de quelques-uns des articles ajoutés m'impose le devoir de fixer plus spécialement votre attention sur eux.

D'après le Code civil, les créanciers hypothécaires peuvent surenchérir et requérir une nouvelle mise aux enchères du fonds vendu par leur débiteur, sous diverses conditions, notamment sous celle de *donner caution jusqu'à concurrence du prix et des charges.*

Mais le délai pour remplir cette condition n'est point indiqué, et ce silence a donné lieu ou du moins fourni le prétexte de douter si cette obligation devait s'effectuer avant la nouvelle adjudication, ou s'il suffisait d'offrir à cette époque la caution prescrite.

La seule raison indiquait sans doute que la caution devait être fournie avant la seconde adjudication; un nouvel article l'exprime formellement, et désigne l'acte dans lequel cette offre doit être faite, ainsi que le délai pour la réaliser.

Un objet plus grave s'est ensuite offert à la discussion; ç'a été la question de savoir si les créanciers ayant un titre hypothécaire antérieur à la vente, mais non inscrit à cette époque, pouvaient, comme les créanciers inscrits, ou ayant des hypothèques légales, requérir la mise aux enchères du fonds vendu par leur débiteur.

Pour l'affirmative, on se prévalait sur-tout des expressions générales de l'article 2182 du Code civil; on ajoutait que le créancier ne pouvait perdre son hypothèque et les droits en résultant, par le seul fait de son débiteur vendant à son insçu, et que le créancier devait au moins être mis en demeure par un acte ayant une grande publicité, tel que la transcription du contrat de vente : d'où l'on concluait que le droit du créancier même non inscrit subsistait jusqu'à cette transcription, à laquelle, en la considérant comme un avertissement d'agir, il convenait même d'ajouter un délai quelconque.

Pour la négative, on opposait principalement l'article 2166 du Code civil, qui n'accorde le droit de suivre l'immeuble, en quelques mains qu'il passe, qu'aux créanciers ayant privilége ou *hypothèque inscrite*; on ajoutait que tout le système de la publicité reposait sur l'inscription, sans laquelle il ne pouvait y avoir d'autres hypothèques valables que les hypothèques *légales*, affranchies de cette formalité. L'on niait que le tiersacquéreur eût besoin de transcrire son acte pour mettre son acquisition à l'abri des hypothèques non inscrites; et l'on observait, à l'appui de cette opinion, que la formalité de la transcription consacrée par loi du 11 brumaire an 7 (article 26), et reproduite dans le projet de Code civil, en avait été formellement retranchée : d'où l'on concluait que la volonté du législateur s'était prononcée contre la transcription, en ce sens qu'elle fût utile pour purger les hypothèques non inscrites, ou pour empêcher qu'il n'en fût établi de nouvelles.

Il était difficile de ne point reconnaître cette dernière opinion comme la plus conforme au Code civil; mais il était aisé de sentir que la première avait un but juste et utile, et présentait une modification qu'il était bon d'accueillir.

Dans cette conjoncture, on a adopté pour le passé et l'avenir un parti qui respecte les droits de l'un et de l'autre temps.

Comme la disposition nouvelle n'atteindra *que les aliénations qui seront faites à l'avenir*, les tiers-acquéreurs qui auront contracté sous l'empire de la loi qui nous régit en ce moment, n'en recevront aucun dommage.

A l'égard des créanciers, ils conserveront désormais la faculté de s'inscrire jusqu'à l'expiration de la quinzaine qui suivra la transcription de l'acte d'aliénation.

Leur inscription tardive leur assignera, parmi les créanciers, un rang inférieur; mais elle n'éteindra pas leurs droits sur le fonds aliéné, et envers le tiers-acquéreur.

Celui-ci pourtant ne sera pas tenu de leur faire les significations prescrites à l'égard des créanciers inscrits; il est censé ne point connaître ceux dont l'inscription n'existe pas, et la loi ne saurait lui imposer une obligation qu'il lui serait impossible de remplir.

L'une des dispositions du projet contient cette dispense aussi juste que nécessaire.

Les autres réglent quelques points qui ne sont pas sans importance, mais qui ne présentent aucune difficulté.

J'arrive au titre 5.

Ce titre, qui régle *les voies à prendre pour avoir expédition ou copie d'un acte, ou pour le faire réformer,* embrasse plusieurs espéces.

La première est celle où les parties intéressées en nom direct, héritiers ou ayans-droit, réclament une expédition ou copie de leur acte : il n'y a là qu'exercice d'un droit qui n'est soumis à aucune formalité ; et cette expédition ne peut leur être refusée, sans donner lieu à poursuites contre le notaire ou autre dépositaire refusant.

Mais l'acte peut être resté imparfait, ou n'avoir pas été en registré, et dans ce cas, il faut, pour en obtenir l'expédition, une permission du juge, sauf même à lui référer du refus que pourrait faire le notaire ou autre dépositaire d'un tel acte ; car ce refus peut être légitime.

S'agit-il d'une seconde grosse ? L'ordre public impose d'autres obligatons, car un second titre exécutoire ne peut être fourni sans connaître l'emploi qui a été fait du premier, et sans que les parties intéressées à contredire soient appelées à le faire, s'il y a lieu.

Les mêmes réflexions et la même régle s'appliquent aux secondes *expéditions exécutoires* des jugemens.

S'agit-il d'une demande formée par des parties étrangères à l'acte ? La justice ne les y admettra qu'après s'être assurée de l'intérêt qu'elles peuvent y avoir, et avec toutes les précautions propres à empêcher que l'intérêt d'autrui n'en reçoive aucune lésion : c'est *le compulsoire*, objet du titre 12 de l'ordonnance de 1667.

Toutefois il ne faudra pas justifier de son intérêt, ni recourir au compulsoire pour obtenir copie d'actes consignés dans les registres publics, tels que ceux de l'état civil qui sont ouverts à tout le monde ; l'article 18 du titre XX de l'ordonnance de 1667, donnait une extrême facilité pour cet objet, elle est maintenue par le projet de code : c'était une loi imposée par les besoins journaliers de la vie civile.

Après avoir réglé ce qui touche à la simple expédition des actes, le projet s'occupe de ce qui regarde la rectification des actes de l'état civil.

Ici la matière s'agrandit ; l'état des personnes, les grands intérêts de la société, tout réclame l'intervention de la justice avec les solennités introduites pour le maintien de l'ordre public.

Ainsi, et soit qu'il y ait instance ou non, le ministère public devra être entendu sur les demandes de cette nature.

Si le jugement admet la rectification, notre projet, conforme en ce point à une déclaration du 9 avril 1736 (article 30), statue que la rectification ne sera point matériellement faite sur le corps même de l'acte réformé ; mais que le jugement sera inscrit aux registres de l'état civil, et mentionné en marge de l'acte réformé qui ne pourra plus être expédié qu'avec les rectifications.

Telles sont les diverses et principales dispositions du titre 5 que l'on peut justement considérer comme la loi la plus complète qui ait paru sur cette matière.

Le titre 6 n'a eu pour objet que de remplir une légère lacune remarquée dans le titre 4 du code civil relatif *aux absens*.

Les deux articles qui composent ce titre sont assez simples, et leur but assez évidemment utile pour que toute analyse à ce sujet devienne superflue.

Le titre 7 traite de l'*autorisation de la femme mariée.*

L'autorisation dont il s'agit n'est point celle qui a lieu quand la femme est défenderesse.

Dans ce cas, l'action du demandeur ne peut être subordonnée à la volonté du mari, ni paralysée par elle; si le mari est assigné pour autoriser sa femme, parce qu'il lui est dû connaissance des actions dirigées contr'elle, comme à son protecteur naturel, cette autorisation n'est au surplus, et en ce qui regarde l'action du tiers demandeur, qu'une simple formalité que la justice supplée, quand le mari la refuse.

L'objet de notre titre n'est pas non plus d'examiner ce qui a lieu quand le mari et la femme procèdent ensemble, en demandant; car si, en ce cas, l'autorisation n'est pas expresse, elle est au moins tacite, et résulte du seul concours des deux parties, comme l'ont observé les commentateurs (1), et comme le prescrit sur-tout la raison.

Mais ce qu'a voulu et dû régler le titre qui est soumis à la discussion, c'est la procédure à faire quand la femme veut poursuivre ses droits, et que son mari, interpellé de l'y autoriser, en a fait le refus.

En ce cas, l'autorisation devient l'objet d'un débat particulier, et l'on pourrait dire, préalable.

Ici l'interposition de la justice est nécessaire pour prononcer entre deux volontés contraires, et pour statuer sur l'usage ou l'abus que le mari voudrait faire de son autorité; car cette autorité est celle d'un protecteur et non celle d'un despote.

Si le refus d'autorisation est juste, le devoir des magistrats sera de l'accueillir; si, au contraire, il ne tend qu'à dépouiller la femme des moyens légitimes de conserver ses droits, la justice viendra à son secours, et la préservera de l'oppression et de sa ruine, en lui accordant l'autorisation refusée par son mari.

Du reste, cette procédure sera non-seulement sommaire, mais exempte d'une publicité que la qualité des parties et la nature du débat rendraient toujours fâcheuse.

---

(1) Voyez *Jousse* sur l'article 2 du titre 2 de l'ordonnance de 1667.

Ainsi, ce sera à la chambre du conseil que le mari sera cité, que les parties seront entendues, et que le jugement sera rendu sur les conclusions du ministère public.

Ce qui vient d'être dit touchant l'autorisation de la femme mariée, en général, se modifie relativement aux femmes *des absens* ou *des interdits*; car, bien que l'absence du mari ou son interdiction ne dissolvent point le mariage, ni l'autorité maritale, et que la femme ne recouvre point par-là son indépendance primitive, ce n'est plus à son mari qu'elle peut demander l'autorisation dont elle a besoin, mais à la justice seule, comme suppléant, soit l'absent qui n'est point là pour donner l'autorisation, soit l'interdit qui n'a plus de volonté aux yeux de la loi; et le tout en présence et sur les conclusions du procureur impérial, dont le ministère devient d'autant plus nécessaire en cette circonstance, que les qualités de toutes les parties en requièrent l'emploi.

Je passe au titre VIII, l'un des plus importans du projet; c'est celui qui traite des *séparations de biens.*

Cette action, très-favorable quand la bonne foi y préside, est l'une de celles où la fraude s'est souvent introduite jusqu'au scandale.

Plus d'une fois elle a appelé la sollicitude du législateur, et tout récemment encore, dans la discussion du Code civil, on a voulu apporter remède à un mal que l'expérience n'a que trop signalé (1).

---

(1) Voyez les procès-verbaux du Conseil d'État, séance du 13 vendémiaire an XII.

C'est dans ces vues qu'il avait été proposé d'astreindre la femme qui veut obtenir la séparation, à appeler tous les créanciers du mari pour y consentir ou s'y opposer.

Cette proposition qui tendait à donner à l'instance en séparation de biens, le caractère d'une procédure pleinement contradictoire avec tous les intéressés, eût sans doute atteint son but, et eût peut-être été admise, malgré les frais considérables qui en eussent résulté, si l'exécution n'en eût été reconnue impossible. Comment, en effet, supposer qu'une femme connaisse tous les créanciers de son mari, sur-tout si celui-ci veut lui en dérober la connaissance, et comment lui imposer une obligation que, le plus souvent, elle ne pourra remplir? La prévoyance contre la fraude serait portée trop loin si, pour empêcher l'abus, elle anéantissait l'usage légitime ou l'exercice du droit accordé par la loi.

On a donc écarté cette proposition, mais en reconnaissant la nécessité que les demandes en séparation et les jugemens qui y statuent, fussent environnés de la plus grande publicité.

C'est cet engagement pris en quelque sorte dans le Code civil que le Code de procédure vient remplir aujourd'hui.

La simple publication à l'audience du tribunal de commerce, avec insertion sur un tableau affiché dans le même local, n'atteindrait pas ce but.

C'est pourtant tout ce que prescrivait à cet égard l'ordonnance de 1673 (titre 8, art. 2) en renvoyant pour le surplus *aux formalités en tel ca. requises.*

Quelles étaient ces formalités ultérieures? c'était en quelques endroits, la lecture qu'on faisait de la demande en séparation à la porte de l'église et à l'issue de la messe paroissiale; mais cette lecture fugitive et souvent faite, même avec dessein d'une manière inintelligible, ne pouvait être qu'un bien frêle document.

Ajoutons que ces dispositions semblaient n'être prescrites que pour les femmes des négocians marchands et banquiers, tandis que la séparation de biens qui est une action du droit commun, un bénéfice introduit en faveur de toutes femmes dont les droits sont en péril, doit être soumise à des régles générales.

Le projet de Code établit de telles solennités qu'il est difficile de croire que l'intérêt des tiers ne soit point suffisamment averti par l'une au moins des nombreuses voies qui sont ouvertes à cet effet

Affiches de la demande sur des tableaux exposés dans l'auditoire tant du tribunal de première instance, que de celui de commerce;

Mêmes affiches dans les chambres d'avoués et des notaires;

Insertion dans le journal du lieu, ou, s'il n'y en a point, dans l'un des journaux qui s'impriment dans le département;

Voilà ce qui devra avoir lieu, à peine de nullité, toutes les fois que les établissemens indiqués existeront; et il faudra qu'un mois entier se soit écoulé depuis l'accomplissement de toutes ces formalités, avant qu'il puisse être prononcé aucun jugement. Cet intervalle est prescrit dans la vue de laisser aux tiers ainsi avertis, un délai suffisant pour intervenir, s'ils le jugent convenable.

S'ils interviennent, ils opposeront leurs moyens sans que jamais le simple aveu du mari fasse preuve en faveur de sa femme; car la collusion est aisément présumable entre ces derniers.

Cet aveu ne fera point preuve, lors même qu'il n'y aurait pas de créanciers; car si en ce cas, il n'y a pas un intérêt actuel qui s'y oppose, il reste l'intérêt prochain d'enfans ou autres héritiers qu'on pourrait dépouiller par cette voie; il reste au législateur le devoir d'empêcher que le mari ne confère, par des voies indirectes, des avantages que la loi réprouve.

Quand le jugement sera rendu, il sera soumis pendant un an à la même publicité que la demande, et bien qu'après les affiches et insertion de ce jugement, la femme puisse en poursuivre l'exécution, le délai d'une année est accordé à tout créancier pour se pourvoir par tierce opposition.

S'il ne s'est pas pourvu dans ce délai, et après l'accomplissement exact de toutes les formalités, il n'y sera plus reçu; car tout doit avoir un terme; et si le créancier en souffre, il ne fera que subir la peine de sa négligence, puisque la loi aura épuisé tous ses *bienfaits* envers lui.

Telles sont, Mesiseurs, les vues qu'on a suivies

pour concilier le double intérêt et des femmes et des tiers, et pour ne point priver les premières d'un droit qu'elles tiennent de leur position et de la loi, mais en mêm e-temps pour obvier aux abus dont tout le monde a été témoin, et dont beaucoup ont été les victimes.

L'organisation de cette partie peut être considérée comme toute nouvelle, et comme une grande amélioration dans nos lois sur cette matière.

Le titre IX du projet de loi traite de la *Séparation de corps et du Divorce.*

En ce qui concerne la procédure du divorce, notre projet n'avait rien à ajouter aux dispositions contenues dans le Code civil qui ne s'est point borné à en poser les régles principales, mais qui, à raison de l'importance, et peut-être aussi de la nouveauté de cette institution, a cru devoir prendre le soin d'en régler les détails.

A l'égard de la séparation de corps, notre projet avait plus à s'occuper des mesures préliminaires à la contestation en cause, que du mode même de terminer un tel procès, quand il est engagé.

En effet, une instance en séparation de corps est un différent grave, soumis aux formes communes de la procédure, et de plus au concours du ministère public, comme toute cause qui touche à l'état des personnes.

Mais plus la société doit s'affliger d'un tel débat, plus il importe de le prévenir, et d'en arrêter le cours.

Un simple exploit ne suffira donc pas pour saisir les tribunaux d'une cause de cette nature; et l'ordre public serait même peu satisfait si l'on ne procédait aux voies conciliatrices que comme dans les causes ordinaires. Il faut ici, à raison de la gravité des circonstances, un Magistrat plus éminent pour exercer le ministère de paix et de conciliation, et c'est le président même du tribunal que la loi désigne.

On ne pourra d'abord s'adresser qu'à lui, et il devra entendre les époux, non par l'organe de conseils et d'avoués qui, en leur supposant les vues les plus pacifiques, ne pourraient suppléer les parties.

Les époux seront donc tenus de comparaître en personne et le juge tentera de les rapprocher.

S'il échoue dans cette noble tentative, et après qu'il aura désigné la maison où la femme pourra se retirer provisoirement, la procédure suivra son cours; et si le jugement prononce la séparation de corps, ce jugement sera assujetti pour sa publicité aux formes introduites pour les séparations de biens.

Cette publicité est nécessaire tant à l'égard des tiers qui auraient des droits à exercer pour le passé, qu'à l'égard de ceux qui pourraient contracter à l'avenir avec des époux dont l'état a changé.

Le titre 10 traite *des Avis de parens.*

Ce titre n'est, à proprement parler, que le complément du Code civil dans ses dispositions relatives aux conseils de famille, et n'offre pas matière à beaucoup d'observations.

Néanmoins, parmi les dispositions nouvelles, il en est plusieurs qui doivent améliorer cette partie de nos institutions.

Ainsi, lorsque les délibérations ne seront pas unanimes, l'avis de chacun des parens devra être mentionné au procès-verbal, et les membres dont l'avis aura été rejeté pourront se pourvoir contre la délibération ou le vœu de la majorité.

Cette mesure rendra chacun plus attentif à ses devoirs. En effet, nul ne pourra par la suite se disculper particulièrement d'aucun mauvais résultat, que par l'exhibition de son propre avis, et la faute des particuliers ne sera point couverte par celle des masses.

L'intérêt du pupille sera donc mieux protégé et le vœu du législateur mieux rempli; car il ne saurait y avoir ici rien de vain qui ne pût bientôt devenir funeste.

Il était bon aussi de donner à chaque membre du conseil de famille une espèce d'action contre le tuteur pour l'obliger à remplir certaines formalités et même pour l'y faire personnellement condamner.

Dans une matière où, loin d'être stimulés par le grand mobile de l'intérêt personnel, trop de gens n'aperçoivent que des charges, il convient d'appeler le plus de garanties possible contre une inertie justement redoutable.

Le titre II traite *de la Procédure relative à l'interdiction.*

Le Code civil contient sur la matière de l'interdiction, beaucoup de dispositions dont plusieurs appartiennent déja à la procédure qu'il ne s'agissait que de compléter; telle est la simplicité des nouveaux articles qu'il serait superflu, du moins pour le plus grand nombre, de vouloir en dévélopper l'esprit, quand le texte seul remplit évidemment ce but.

Personne, au surplus, ne s'étonnera de quelques additions au Code civil que semble comporter le projet actuel, et qu'avec une légère attention, l'on reconnaîtra facilement n'en être que le développement nécessaire.

Ainsi, le Code civil (article 496) statue *qu'après avoir reçu l'avis du conseil de famille, le tribunal interrogera le défendeur.*

Etait-il par-là prescrit d'interroger de suite, sans aucun acte intermédiaire et notamment sans que l'avis du conseil de famille eût été signifié au défendeur ?

Non sans doute; et si cette signification n'était pas textuellement ordonnée par la première loi, c'est remplir son vœu que de l'exprimer dans celle-ci, et d'en imposer l'obligation réclamée d'ailleurs par le droit naturel de la défense, droit toujours respectable et sacré, sur-tout quand il s'agit de l'état des personnes.

C'est par une suite de ce droit que la personne dont l'interdiction est provoquée, pourra appeler du jugement qui l'aurait prononcée, et plaider en cause d'appel, sans être pourvue de tuteur; car, aux yeux de la loi, son état est encore entier; et il ne cesse de l'être que par la décision suprême, ou par l'adhésion au premier jugement.

Au surplus, comme l'interdiction n'est, de sa nature, qu'une mesure suspensive, la main-levée en sera prononcée, s'il y a lieu, en observant la même *instruction* et suivant les *mêmes formes* que celles qui ont eu lieu pour l'interdiction même.

Les espèces sont sans doute fort opposées, mais la procédure peut être identique; car les mêmes procédés qui font connaître si un homme a perdu la raison, font également connaître s'il l'a recouvrée.

Si l'humanité souffre dans la première de ces positions, elle sourit à la seconde; voilà la seule différence, et il n'en résulte point dans la procédure.

Je passe au douzième et dernier titre du livre qui vous est, en ce moment présenté.

Ce titre traite du *Bénéfice de cession:* et, comme la cession volontaire est dans la classe des contrats, toute idée de procédure ne peut s'attacher qu'à la cession judiciaire, c'est-à-dire, au droit que l'ancienne législation accordait, et que le Code civil a conservé au débiteur malheureux, et sous le poids de la contrainte par corps, de se rédimer, non de sa dette, mais de l'emprisonnement, en cédant, ou abandonnant ses biens à ses créanciers.

Comme ce bénéfice repose essentiellement sur

la

la bonne foi du débiteur, il devra, pour l'obtenir, déposer tous les livres et titres propres à justifier sa conduite et à éclairer ses créanciers.

Sa demande et l'assignation qu'il aura fait donner à ses créanciers, ne suspendront pas l'effet de leurs poursuites, et ne suffiront point pour assurer au débiteur la liberté de sa personne.

Une disposition contraire existait dans l'ordonnance du mois d'octobre 1535, on n'a pas dû la suivre : en effet, il ne saurait dépendre du débiteur de changer sa condition et le droit des tiers par son seul et propre fait, mais c'est à la justice à examiner sa position et à lui accorder un sursis, si elle l'en juge digne.

Si le débiteur est admis au bénéfice de cession, il devra, quel que soit son état, la réitérer en personne et avec publicité.

Le lieu le plus propre à cet objet, quoique le jugement émane du tribunal ordinaire, a semblé être l'auditoire du tribunal de commerce, et à défaut, la salle des séances de la maison commune.

Il ne s'agit pas ici d'une faveur clandestine, et celui qui la recueille peut bien être astreint à cette démarche solennelle qui, si elle semble onéreuse, sera une garantie de plus contre l'abus de l'institution.

Mais cette solennité passagère ne suppléerait pas à la publicité permanente que requiert l'intérêt des tiers ; et quelques égards que mérite l'infortune, il est juste et utile que la position du débiteur admis au bénéfice de cession, soit connue de ceux qui peuvent contracter avec lui.

Cet intérêt est sur-tout celui du commerce; et il a, par ce motif, semblé convenable que, quelle que fût la profession du débiteur, ses nom, prénoms, profession et demeure fussent insérés dans un tableau affiché en l'auditoire du tribunal de commerce.

Le même avertissement, dû aux autres classes de la société, a donné lieu d'ordonner la même affiche au lieu des séances de la maison commune.

Ces vues, Messieurs, vous paraîtront sans doute bien préférables à celles de l'ordonnance de 1673, sur la matière des cessions.

Deux articles seulement, et dont le premier renvoie *aux formalités ordinairement observées*, composent le titre X de cette ordonnance.

Dans le vague de telles dispositions, et sur-tout dans le silence qu'elles gardent sur les causes personnelles d'inadmissibilité, autres que la qualité d'étranger, l'on a vu les statuts particuliers et les arrêts régir diversement cette matière.

Ainsi, dans le ressort de la coutume d'Orléans, les acheteurs de certaines denrées, de même que les acquéreurs de biens vendus à l'encan, n'étaient point admis au bénéfice de cession.

Dans le Nivernais, le fermier de biens ruraux n'y était point admis, quand la contrainte par corps avait été stipulée dans le bail.

Ailleurs, le bénéfice de cession était refusé aux

cautions judiciaires et à toutes personnes qui avaient contracté en justice.

Tant de diversités vont cesser enfin, et la loi seule posera les exceptions en les restreignant aux termes indiqués par les besoins de la société.

Ainsi, les étrangers ne seront point admis au bénéfice de cession; car la détention de leurs personnes est la principale et quelquefois l'unique sureté de leurs créanciers.

Il y aura aussi exclusion pour les stellionataires, banqueroutiers frauduleux, et personnes condamnées pour vol ou escroquerie : de tels débiteurs sont évidemment indignes du bienfait de la loi.

Ce bienfait ne sera point accordé non plus aux comptables, tuteurs, administrateurs et dépositaires : ainsi l'exigent la nature de la dette, et la faveur due soit au trésor public, soit aux pupilles, soit même à toutes autres personnes dont la confiance a été trahie.

Telles sont les exceptions que le nouveau Code admet : appliquées à des cas précis, et justes en elles-mêmes, elles ne peuvent qu'être accueillies.

Il me reste, Messieurs, à vous entretenir des causes qui ont dicté la disposition finale de notre projet, celle qui exprime qu'il n'est rien préjugé par le titre XII à l'égard du commerce.

Comme la cession de biens est un bénéfice du droit commun introduit en faveur du débiteur malheureux, *marchand ou non*, la procédure qui y est relative trouvait naturellement sa place dans la loi générale dont vous vous occupez en ce moment, et la connaissance devait en être attribuée, ou, pour parler plus exactement, conservée aux tribunaux ordinaires qui l'ont aujourd'hui et l'avaient sous l'ancienne législation, sans distinction des personnes.

Cependant des hommes, dont l'opinion mérite des égards, ayant observé que peut-être il y aurait lieu d'admettre sur la compétence une exception en faveur des tribunaux de commerce *quand le débiteur serait commerçant*, on a voulu se réserver le temps d'examiner cette proposition.

Tel est le but de l'article, et il serait au surplus prématuré de s'arrêter aujourd'hui sur un objet dont la discussion se lie au Code commercial, ce nouveau monument de législation dont la bienveillante sollicitude de l'Empereur fera bientôt jouir les Français.

Législateurs, je vous ai rendu sommairement compte des vues principales qui ont présidé à la confection et à la rédaction des XII titres composant le I.er livre de la II.e partie du Code de procédure; d'autres orateurs vous présenteront la suite de ce grand travail.

Je sens que, malgré mes efforts pour être succinct, j'ai eu besoin de toute votre indulgence pour me suivre dans l'exposition nécessairement aride d'un projet dont tous les titres, sans aucune cohérence entre eux, ne constituent pas un système dont l'esprit puisse embrasser l'ensemble et sur lequel l'attention puisse se reposer.

Vous le jugerez, au reste, d'après le bien qu'il peut faire, et il méritera votre assentiment, s'il n'opère que des changemens utiles, s'il conserve ce qui était bon et achève ce qui était incomplet.

Voici le projet de loi.

EXPOSÉ DES MOTIFS

Du Livre II de la deuxième partie du projet de Code de Procédure civile, présenté au Corps législatif, par M. SIMÉON, *Conseiller d'État.*

Séance du 16 Avril 1806.

MESSIEURS,

LA seconde partie du Code de procédure civile est consacrée aux *procédures diverses.* Le Livre premier vous a déjà été présenté. Nous vous apportons aujourd'hui le second Livre, où sont tracées *les procédures relatives à l'ouverture des Successions.*

Le projet rédigé par la commission que le Gouvernement avait composée de magistrats et d'hommes si versés dans la pratique des tribunaux, et qui est devenu, après avoir été soumis aux observations des Cours d'appel, la riche matière dont le Conseil d'Etat a formé ce Code, contenait un troisième Livre, intitulé : *Des Procédures relatives aux Faillites.*

On y avait indiqué les formes à suivre dans les scellés que la faillite rend nécessaires, dans leur levée, et dans les contrats d'union que les créanciers ont coutume de former.

Il a paru que ces formes, qui ne sont pas nouvelles, pourraient continuer d'être observées sans être formellement prescrites, jusqu'à ce que le Code de commerce donne un système complet de lois où seront comprises, avec étendue, les faillites, ce qui les constitue, ce qui les rend frauduleuses et criminelles, la manière de les constater, de les poursuivre et de les terminer.

Ce n'est pas qu'on ait entendu rien préjuger sur la question, diversement décidée dans l'ancienne législation, de savoir à qui doit appartenir la connaissance des faillites : si c'est aux tribunaux de commerce, ou aux tribunaux ordinaires. Beaucoup de motifs sont allégués pour et contre : ils seront mûrement pesés et discutés ; et l'on ne prononcera que lorsqu'on réglera, dans le Code de commerce, les attributions de ces tribunaux. Alors, soit qu'on y comprenne les faillites, soit qu'on les laisse aux tribunaux ordinaires, qui n'en ont été dessaisis qu'intermédiairement, et pendant un temps assez court, on retracera, même avec plus de détail, et avec les amendemens dont elles seront susceptibles, les règles de procédure que contenait le projet.

Voilà, Messieurs, les motifs qui ont déterminé le retranchement du troisième Livre, composé de deux titres, des *Procédures relatives aux faillites*, et d'un titre du *Bénéfice de cession* qui, reporté à la suite du premier Livre des *Procédures diverses*, vous a été présenté avec ce Livre.

Je n'ai donc à vous entretenir que des procédures qu'entraîne l'ouverture des successions.

Avec notre vie finissent nos droits, et commencent ceux de nos héritiers. Ils auront à partager nos biens ; il faut les leur conserver, sans préjudice des droits préexistans de nos créanciers.

De là, les appositions de scellés après décès, la vente du mobilier et celle des immeubles, les partages, les licitations, la renonciation a la communauté ou à la succession, la curatelle aux successions vacantes.

Le Code civil a fixé les principes qui régissent ces matières. Le Code de procédure devait prescrire la manière de les réclamer et de les appliquer. C'est le sujet des neuf titres du Livre second de la seconde Partie, soumis à votre délibération.

Les motifs des dispositions qu'il renferme, n'exigent pas de longs développemens, elles s'expliquent par leur évidente utilité. La plupart étaient déjà consacrées par des lois ou par la pratique; seulement on a choisi, on a rassemblé en un seul corps ce que les usages et les réglemens avaient de meilleur, et l'on s'est appliqué à les simplifier et à les améliorer. Le Code de procédure civile aura le même avantage que le Code civil, celui, non de changer ce qui avait été sagement et utilement statué, mais d'étendre à tout l'Empire ce qu'il y avait de mieux dans les diverses jurisprudences; de donner des régles uniformes et complétes à tous les tribunaux.

L'apposition des scellés aprés décès est une

mesure conservatrice des successions; souvent superflue, elle est plusieurs fois utile et même nécessaire. Dans ces deux cas, elle peut être requise par tous ceux qui y ont intérêt. On regarde comme tels, les prétendans-droit à la succession ou à la communauté, les créanciers fondés en titre exécutoire, et même ceux qui, sans un pareil titre, en produisent un assez apparent pour que le président du tribunal d'arrondissement, ou, en cas d'urgence, le juge de paix, trouvent convenable de les autoriser à requérir le scellé.

Si ceux qui ont un intérêt résultant de leur qualité, le conjoint survivant, ou des héritiers sont absens et non représentés, les personnes qui demeuraient avec le défunt, ainsi que ses serviteurs et domestiques pourront requérir pour eux (1). Ils tiennent leur mission de ce sentiment de bienfaisance qui nous porte à prendre soin des affaires des absens, de ce devoir réciproque qui nous suggère de faire pour autrui ce que nous voudrions que l'on fît pour nous. Dans plusieurs occasions, les lois doivent supposer ce devoir et inviter à le remplir.

Le juge de paix agira même d'office; il doit, plus encore que d'autres, veiller pour ceux qui ne sont pas à portée de pourvoir à leurs droits. Mais il ne lui est pas permis de prévenir ou de suppléer la vigilance des héritiers s'ils sont tous présens, ou celle des tuteurs et curateurs qui sont responsables et qui peuvent avoir de justes motifs d'éviter des

---

(1) Article 909.

formalités et des frais superflus. La justice ne portera pas des regards indiscrets dans l'intérieur des familles, lorsque son intervention ne sera pas réclamée par les parties ou par la nécessité. Le motif de prévenir la négligence des tuteurs et des abus possibles, n'autorise pas à une surveillance inquiétante qui deviendrait elle-même un abus certain et général. Les tuteurs, qui souvent sont les pères ou les mères, et qui toujours doivent en avoir les sentimens, sont investis, comme les juges de paix, de la confiance de la loi. Les juges de paix ne sont tuteurs, à cet égard, que de ceux qui n'en ont point. Les scellés ne seront donc apposés d'office que dans trois cas : si le mineur n'a point de tuteur et qu'un de ses parens ne requière pas ; si le conjoint ou l'un des héritiers est absent ; si le défunt était dépositaire public, et dans ce cas même, le scellé d'office ne portera que sur les objets du dépôt (1).

Le but du scellé étant de prévenir les soustractions, il importe de l'apposer aussitôt après le décès. Si l'on a différé d'y procéder jusqu'après l'inhumation, ce retard sera mentionné, les causes en seront expliquées ; elles peuvent mettre sur la voie des fraudes (2).

Il est toujours urgent de connaître les testamens qui sont la loi domestique des familless et des successions. Si l'on a des indices qu'il en

---

(1) Article 911.

(2) Article 913.

existe quelqu'un, le juge de paix en fera la recherche; il en décrira l'état, il s'en saisira pour le présenter au président du tribunal de l'arrondissement qui, aux termes des articles 1007 et 1008 du Code civil, doit donner son attache pour l'exécution, et l'ouvrir s'il est clos (1).

Les mêmes régles s'étendent aux papiers sous cachets. Quoiqu'ils paraissent appartenir à des tiers, ils peuvent être réellement au défunt et à sa succession, à laquelle il aurait eu dessein de les soustraire : ils seront portés au président du tribunal qui en fera l'ouverture, les tiers appelés, et les leur remettra s'ils en sont véritablement propriétaires (2).

On a concilié les égards dus à des tiers, avec la justice qui ne permet pas que des simulations de dépôt soient pratiquées au préjudice des créanciers ou de la réserve que la loi fait aux héritiers du sang.

Le juge de paix n'est chargé de l'apposition des scellés que comme le magistrat le plus à portée de procéder promptement ; il n'a que les opérations conservatoires. S'il se présente des obstacles, s'il s'élève des difficultés, il n'est pas compétent de les décider, si ce n'est en cas d'urgence et par provision. Il en chargera son procès-verbal, et en référera au président du tribunal de l'arrondissement qui statuera sur le procès-verbal même (3).

---

(1) Article 916.

(2) Article 919.

(3) Articles 921 et 922.

Les scellés deviennent inutiles lorsque l'inventaire est terminé ; car l'inventaire doit présenter le détail des objets que les scellés conservaient en masse, et en opérer le chargement. Après l'inventaire on ne recourra donc point aux scellés, à moins qu'il n'y en ait des motifs vérifiés et jugés par le président du tribunal (1).

L'opposition aux scellés, c'est-à-dire, l'acte par lequel on notifie que rien ne doit être fait au préjudice des droits qu'on déduira, a été réduite aux formes les plus simples.

Les scellés ne doivent être levés que trois jours après leur apposition, afin de donner aux intéressés le temps d'y comparaître. On y appelle ceux d'entre eux qui ne sont pas à un trop grand éloignement. On nomme un notaire pour représenter ceux qui se trouvent à plus de cinq myriamètres (2).

Le droit d'être présent à la levée des scellés et à l'inventaire, est reglé sur le degré d'intérêt.

Ceux qui ont un intérêt direct et important, tels que le conjoint survivant, l'exécuteur testamentaire, les héritiers, les légataires universels et à titre universel, peuvent assister chacun à toutes les séances de la levée du scellé et de l'inventaire.

Les opposans ne peuvent assister qu'à la première séance ; ils n'ont que la faculté de se faire représenter aux autres par un seul mandataire ou

(1) Article 923.

(2) Article 928.

avoué : ils ne seraient pas même autorisés à y assister à leurs frais, à moins qu'ils n'eussent des intérêts opposés ou différens de ceux de la majorité (1).

Les opposans qui n'ont pas d'intérêt direct et qui n'agissent que du chef d'un débiteur dont ils veulent conserver les droits, ne sont pas admis même à la première vacation, ni par conséquent à concourir au choix d'un mandataire ou représentant commun (2).

Lors de la levée des scellés, on convient des notaires qui feront l'inventaire, des commissaires-priseurs pour l'estimation des meubles, et des experts pour celle des immeubles (3).

L'inventaire suit la levée des scellés. S'il s'élève dans le cours de l'inventaire des difficultés sur lesquelles on ne s'accorde pas, les notaires pourront en référer eux-mêmes au président du tribunal d'arrondissement, s'ils résident dans la même ville, et ce président statuera sur la minute de leur procès-verbal (4).

Souvent le mobilier des successions doit être vendu, soit pour qu'il ne dépérisse pas, soit pour l'acquit des dettes et charges. On procédera à cette

---

(1) Articles 932 et 933.

(2) Article 934.

(3) Article 935.

(4) Article 944.

ente avec les formalités prescrites au titre des *Saies-exécutions*, à moins que toutes les parties maeures, présentes, et sans qu'il y ait des tiers inéressés, ne s'accordent à éviter des frais qui ne ont indispensables que lorsque l'intérêt des abens, des mineurs ou des refusans exigent les soennités et la garantie d'une vente publique (1).

S'il y a lieu de vendre les immeubles d'une uccession, ils appartiennent à des majeurs, ou des nineurs en sont propriétaires en tout ou en partie.

Des majeurs procéderont comme il leur coniendra, ils ont l'entière et libre disposition de eurs biens et actions. Cela est trivial, cependant n a voulu le dire afin de ne pas perdre l'occasion le marquer que les formalités ne sont pas imposées tout le monde, mais seulement à ceux auxquels lles sont nécessaires pour les garantir des préjuices dont ils ne pourraient autrement se défendre.

Si les immeubles appartiennent à des mineurs, ls ne peuvent être vendus que par permission de ustice donnée sur l'avis de leurs parens.

Cet avis n'est pas exigé lorsque la nécessité de a vente résulte, ou d'un partage, ou d'une licitaion à faire entre les mineurs et des majeurs coropriétaires; dans ce cas, la famille ne pourrait e refuser au droit que l'on a de faire cesser l'inlivision (2).

---

(1) Article 945.

(2) Article 954.

La vente des immeubles des mineurs doit toujours être faite publiquement et aux enchères. Le Code civil avait retracé ce principe de tous les temps. La manière de s'y conformer, qui ne se trouvait autrefois que dans quelques arrêts de réglement, est organisée dans le titre de *la Vente des biens immeubles.*

Le Code civil permet la vente des immeubles des mineurs indifféremment devant un juge commis par le tribunal, ou devant un notaire. Les formalités essentielles à la vente, c'est-à-dire, l'estimation, les enchères, leur publicité annoncée par des placards, seront les mêmes; seulement les enchères qui ne sont admises dans les tribunaux que par le ministère des avoués, pourront être reçues chez les notaires de la part de toute personne. (1) Cette différence vient de la plus grande solennité inséparable des ventes en justice; de ce que les avoués sont dans les tribunaux les organes nécessaires des cliens qui s'y présentent; enfin de l'espèce de garantie qu'on y exige de la part des avoués qui enchérissent (2).

Chez les notaires, on procède plus tractativement; y forcer le ministère des avoués serait un contresens à la forme volontaire et contractuelle qui doit y être suivie. L'avoué que la confiance de son client y enverra, y paraîtra donc comme un conseil volontaire ou comme tout autre mandataire; comme le client lui-même pourrait y paraître.

---

(1) Article 965.

(2) Article 713.

La faculté que le Code civil a donnée de procéder à la vente soit devant un juge, soit devant un notaire à ce commis, sera appliquée selon les circonstances. On doit cette confiance aux magistrats, que leur choix sera déterminé par le vœu des familles et par l'utilité qu'ils verront eux-mêmes pour les mineurs, ou d'épargner des frais ou de sacrifier cette épargne à la probabilité, si elle se rencontre, de parvenir à une adjudication plus solennelle et à une vente à plus haut prix.

Soit que les effets mobiliers et les titres de la succession aient eu besoin d'être conservés par les scellés et décrits dans un inventaire ; soit qu'il ait été nécessaire de vendre tout ou partie des meubles et des immeubles ; soit qu'on ait pu s'abstenir de tous ces préalables, la succession doit être partagée. Le Code civil contient dans le titre important des Successions, un chapitre de l'action *de Partage et de sa forme*. Le Code de Procédure vient y ajouter ce qui lui appartient : la marche de cette action, celle de l'instance et la manière de la terminer.

On y a adopté, pour les cas où des estimations sont nécessaires, la nomination d'experts en nombre impair déjà introduite dans le titre des *Rapports*, afin de prévenir les partages et les frais d'une nouvelle expertise.

On y a décidé une question importante relative aux Licitations. Il peut arriver que divers immeubles existans dans une succession, aucun ne soit susceptible de partage. Faudra-t-il les vendre?

Non, si la totalité peut se partager commodément ; si l'on en peut former des lots qui, donnant à chaque cohéritier sa part en nature, épargnent la nécessité et les frais d'une licitation (1).

Si le partage n'a pour objet que la division d'un ou plusieurs immeubles sur lesquels les droits des parties sont déjà liquidés, il ne sera besoin ni d'acte ni de jugement de partage, les experts formeront les lots à la suite de l'estimation des biens (2).

Si le partage embrasse des biens de toute nature, exige une composition de succession, des distractions, des calculs, des rapports de dons et de sommes reçus, en un mot, s'il n'a pas la simplicité rare, prévue par l'article 975, alors il peut exiger la décision d'un tribunal pour les questions contentieuses et l'intervention d'un notaire qui rassemble les élémens du partage, les classe, les coordonne et en établisse les résultats (3).

Avant la révolution, les Commissaires au Châtelet faisaient les partages entre les mineurs et même entre toutes personnes, lorsque les partages étaient ordonnés par justice ; ils avaient prétendu faire aussi tous ceux où des mineurs seraient intéressés, même quand le partage ne serait pas

(1) Article 974.

(2) Article 975.

(3) Article 976.

ordonné

ordonné par justice. Leur prétention avait été réprimée; et lorsque le partage était volontaire, les notaires avaient été maintenus dans la faculté d'y procéder, quoique des mineurs y fussent intéressés.

La suppression des commissaires fit cesser les contestations trop fréquentes entre eux et les notaires. Elles ont été à la veille de se renouveler depuis la promulgation du Code civil, non entre les commissaires, puisqu'il n'y en a plus, mais entre les avoués et les notaires.

Sans doute, disait-on, un partage peut être fait par un notaire, comme par tout autre amiable compositeur, lorsqu'on est d'accord; le notaire est un fonctionnaire public, mais pour donner seulement l'authenticité aux conventions qu'on veut lui porter à rédiger. L'action en partage appartient comme toutes les autres actions, aux tribunaux. Le refus ou l'impossibilité d'y procéder amiablement qui donne ouverture à cette action, la classe nécessairement parmi les affaires contentieuses ou judiciaires auxquelles les notaires sont étrangers.

Les notaires faisaient valoir l'intérêt des familles dont ils ont la confiance, conservent les titres, connaissent les affaires; la nature de leur ministère qui, n'ayant rien de contentieux, peut remplacer par une conciliation utile la décision des tribunaux; ils invoquaient le texte même du Code civil qui dit, art. 828, que le juge commis pour les opérations du partage, renvoie les parties devant un notaire pour y procéder aux comptes que les copartageans se doivent, à la formation de la masse générale, à la composition des lots, et aux fournissemens à faire à chacun des copartageans.

On répondait que le renvoi au notaire était une faculté accordée au juge, pour le soulager, et point une obligation qui le soumît à se dépouiller de ce qu'il croyait pouvoir faire ; et que s'il voulait terminer lui-même les opérations du partage, le recours au notaire devenait un circuit inutile.

La juridiction des tribunaux à conserver dans son intégrité; l'intérêt des avoués qui est, à plus d'un égard, celui du public qu'ils servent et dont ils sont les mandataires nécessaires ; l'intérêt des notaires, qui n'est pas moins celui des citoyens lorsqu'ils veulent recourir à eux pour faire rédiger et authentiquer leurs accords ; l'intérêt prédominant du public auquel sont subordonnés les droits et les prérogatives des officiers et même des tribunaux établis pour son utilité, enfin la nécessité de prévenir des incertitudes et des contestations ont donné de l'importance à cette question.

SA MAJESTÉ y a donné une attention particulière ; elle a permis aux notaires de présenter eux-mêmes leurs observations, et d'assister dans le Conseil d'Etat, à la discussion à laquelle elle a pris la plus grande part. Ils ont été témoins de ce que voient tous les jours ceux qui ont l'honneur d'y siéger, que SA MAJESTÉ n'est étrangère à aucune des matières qu'on y traite ; qu'on n'y délibère pas seulement sous son autorité et sous sa sanction, mais sous l'éclat du jour que ses lumières y répandent. Ils se sont retirés avec la conviction que SA MAJESTÉ administre et gouverne, comme elle commande : qu'elle conçoit et prépare les lois dans ses conseils, comme elle trace dans son cabinet ou dans les camps, des plans de campagne et s'assure des triomphes : que si elle avait éclairé les parties les plus importantes du Code civil, et les questions les plus abstraites du droit, elle sait encore traiter et résoudre celles de forme.

Il a été reconnu que les partages se compliquent souvent d'opérations de calcul et de combinaisons qui ne sont pas plus du ministère des juges que des vérifications ou des opérations d'experts; que les juges doivent décider les questions contentieuses, et abandonner l'application de leurs décisions à ceux qui ont charge par la loi de les exécuter; que lors même qu'on donnerait aux juges la faculté de s'y livrer, ainsi qu'on se l'était d'abord proposé, ou ils se seraient détournés de leurs occupations essentielles, ou ils s'en seraient remis aux greffiers, à des commis ou aux avoués; que les juges qui s'assujettiraient à procéder eux-mêmes aux comptes, à la formation de la masse générale, à la composition des lots, ne pourraient le faire pour les parties avec le même avantage que le notaire qui a plus de temps à leur donner, dont les fonctions ont un caractère plus amiable, plus propre à la conciliation.

On s'est convaincu que le véritable esprit du

Code civil est d'appeler les notaires comme les délégués naturels des tribunaux dans tout ce que les partages n'offrent pas de contentieux.

Il en sera donc toujours commis un, lorsque le cas le requerra, pour les opérations du partage, comme il est commis un juge. La division de leurs fonctions est faite par la nature des opérations: le juge-commissaire, pour le rapport au tribunal et pour préparer ses décisions; le notaire, pour les calculs et l'application de ce qui est décidé. Il procédera seul et sans témoins, parcequ'il ne fait pas un contrat, mais un acte qui est ordonné par justice et qui devra être sanctionné par elle. Son procès-verbal ou acte de partage sera présenté à l'homologation, et l'obtiendra sur les conclusions du ministère public, dans le cas où ce ministère est requis (1).

Le notaire restera en possession de sa minute. Les parties intéressées y recourront chez lui, comme à leurs autres actes de famille; elles pourront aussi, selon qu'il leur sera plus convenable, en prendre des expéditions ou des extraits au greffe, dans lequel l'expédition homologuée sera conservée avec tous les titres judiciaires.

On a pourvu à ce que le renvoi du juge au notaire ne transporte pas, dans le siége ordinaire des conventions, l'arène judiciaire. On ne pouvoit pas exclure de l'étude des notaires les conseils

---

(1) Articles 978 et 979.

que les parties voudraient y amener pour l'éclaircissement et la défense de leurs droits. Mais on a statué que les honoraires de ce conseil n'entreront point en frais de partage (1). chacun paiera les secours qu'il aura voulu employer. La raison en est simple ; si les conseils eussent été à la charge de la succession, aussi-tot qu'un seul copartageant ferait cette dépense commune, tous voudraient la faire; lorsqu'elle sera au compte de chacun, on en sera plus avare, on n'y recourra que par nécessité et sans préjudice pour ceux qui ne l'auront pas regardée comme utile à leurs intérêts.

Une disposition expresse consacre encore ici que les formes judiciaires ne sont requises dans les partages que lorsque l'intérêt des mineurs et autres personnes semblables les exigent, ou lorsque des majeurs ne peuvent se mettre d'accord ; mais lorsqu'ils parviennent à s'entendre, ils peuvent abandonner les voies judiciaires, quelque chemin qu'ils y aient déjà fait, et terminer leur différent ainsi qu'il leur plait (2).

Le Code civil a conservé l'antique et utile institution du bénéfice d'inventaire qui, sans donner aux successions une caution personnelle dans la personne des héritiers, assure à ces mêmes successions des défenseurs intéressés à les liquider avec sagesse et économie. On devait déjà aux lois

(1) Article 977.

(2) Article 985.

nouvelles la suppression des lettres et des requêtes en bénéfice d'inventaire. Une simple déclaration d'y vouloir recourir suffit. Le Code civil a réglé que cette déclaration sera faite au greffe. Il ne nous restait plus qu'à déterminer de quelle manière l'héritier bénéficiaire vendra, s'il y a lieu, les meubles et les immeubles de la succession, donnera caution, et rendra son compte.

Si l'heritier bénéficiaire veut vendre des meubles, il s'y fera autoriser par le président du tribunal dans le ressort duquel la succession est ouverte. Il vendra aux enchères afin d'obtenir le juste et véritable prix (1).

S'il a besoin de vendre des immeubles, la même autorisation sera nécessaire ; mais elle devra être accordée avec plus de solennité par un jugement rendu sur les conclusions du ministère public (2).

Si l'héritier vend soit des meubles, soit des immeubles, sans se conformer aux règles qui lui sont prescrites, il aura renoncé par ce seul fait, au bénéfice d'inventaire et se sera constitué héritier pur et simple puisqu'il aura agi comme tel (3).

Ceci décide une question importante. On avait demandé si l'héritier bénéficiaire, ayant vendu un immeuble sans autorisation et sans formalités, la

(1) Article 986.

(2) Article 987.

(3) Article 988 et 989.

vente serait nulle. Bien que les tiers qui auraient traité avec lui ne seraient pas sans reproche, on a voulu respecter leurs droits; on a trouvé une garantie suffisante pour les créanciers dans la déchéance du bénéfice d'inventaire, et dans la caution qu'ils ont déjà pu demander à l'héritier.

Les renonciations aux successions et aux communautés n'ont besoin que d'un simple acte ou déclaration au greffe (1).

La vacance des successions n'exige que la nomination d'un curateur qui est soumis au même mode d'administration et de compte que l'héritier bénéficiaire. Il serait sans doute superflu de dire qu'il n'est pas, comme l'héritier bénéficiaire, tenu de donner caution; on ne saurait la demander à quelqu'un qui est appelé à remplir un ministère de confiance.

Tel est, Messieurs, l'aperçu des neuf titres qui forment l'ensemble des procédures relatives à l'ouverture des successions.

Les formes dont on s'épouvante trop légèrement, et contre lesquelles il est aussi commun qu'injuste de déclamer, occupent dans l'application de la science du droit, la place que tiennent dans les sciences mathématiques les formules destinées à faire trouver avec plus de facilité la solution des problèmes. Le but des formes est

---

(4) Article 997.

de régler d'une manière générale, aussi simple qu'il est possible, la marche des parties dans l'exposition de leurs demandes, de leurs défenses, et la marche des tribunaux dans leurs jugemens. Tout ce qui s'en écarte, est une superfluité, une faute, un abus, et presque toujours une nullité.

Tel homme qui se plaint de la gêne des formes qui l'arrête aujourd'hui, leur devra, dans une autre occasion, la conservation de ses droits, de sa fortune, de son honneur. Les formes sont à-la-fois des moyens d'attaque et de défense, et des obstacles à la précipitation des jugemens. Sans instruction, et la forme n'est que la manière dans laquelle il est prescrit d'instruire, la justice la plus exacte ne paraîtrait qu'arbitraire. Les formes sont les sauvegardes de la propriété ; il y a long-temps qu'on l'a dit, et cependant il faut le répéter, non pour des personnes aussi instruites que vous, Messieurs, mais pour la plupart des hommes qui paraissent l'oublier trop souvent lorsqu'ils entendent parler de procédure, et qui confondent ses abus et ses inconvéniens, avec son utilité et sa nécessité.

L'examen que vous faites de chaque partie du nouveau Code qui vient la régler, vous convaincra de plus en plus des efforts, j'ose dire heureux, qui viennent en écarter les abus, et en augmenter les avantages.

EXPOSÉ DES MOTIFS

Du Livre III de la seconde partie du projet de Code de Procédure civile, présenté au Corps législatif, par M. Galli, *Conseiller d'État.*

Séance du 19 Avril 1806.

Messieurs,

Le Gouvernement français par son nouveau Code civil, vient de nous faire de très-grands avantages, entre autres, celui de nous écarter les énormes abus dont un illustre personnage de la France, l'abbé de Clairvaux, avait déjà porté ses plaintes dans le siècle douzième (1).

Néanmoins, Messieurs, ce même Gouvernement va encore nous combler d'un autre bienfait, par le Code de la procédure civile, dont la discussion est au moment de se terminer devant vous.

Il ne suffit pas à un État d'avoir de bonnes lois, il faut aussi des moyens pour que l'exécution en soit aisée, il faut que la marche en soit commode; il est besoin de prévenir les chicanes, l'astuce de ceux qui auraient intérêt à entraver les dispositions de la loi (2). Des formes trop

(1) *De consideratione*, lib. I, cap. X et XI.

(2) *Nemo ex industriâ protrahat jurgium*, L. 6, § 4, *Cod. de postulando. Pandectæ Justinianeæ*, tom. I.er, p. 87, éd. Paris, 1748.

minutieuses, trop subtiles, trop longues ne conviennent jamais, il faut les élaguer, les bannir; seule, la simplicité doit triompher.

Une contrée peut avoir l'esprit processif plus qu'une autre, la cupidité de quelque défenseurs peut s'y manifester plus qu'ailleurs. L'on a vu souvent dans des provinces, dominer une vaine éloquence, une prolixité autant utile aux orateurs, qu'elle est onéreuse aux parties; un style de mordacité qui doit toujours déplaire, et ne peut jamais convaincre (1). Que trop, il est quelque part où l'on ne veut pas se persuader de ce que disait Cicéron (2) *erit eloquens is qui in foro, causisque civilibus ita dicet ut probet*...... Et certes, ce n'est qu'une éloquence mâle, concise et robuste, qui puisse convenir à la justice, au barreau: le reste qui éblouit seulement, n'est qu'illusion et fausse éloquence (3).

Hélas! Messieurs, ce n'est pas par-tout que l'on s'occupe sérieusement des vrais moyens de parvenir dans le moins de temps et avec le moins de

---

(1) *Advocati in perorando agant quod causa desiderat, temperent se ab injuriâ*, L. 6, § 2. *Cod. de postulando*. *Pandectæ Justinianeæ. Parisiis*, tom. I, pag. 88.

Voyez aussi l'art. 1036 du Projet de Code.

(2) *Orator*, n. 21.

(3) Bossuet, discours sur l'Histoire universelle, III.e part, chap. III.

Les Egyptiens, disait-il, craignaient cette fausse éloquence.

frais possibles, à la découverte de la vérité (1). Il est cependant de toute évidence que, si l'on s'éloigne de ces principes, il peut s'ensuivre ce que disait Platon (2): *ars oratoria est veluti ars venatoria quœ homines quasi in laqueos inducit.*

Enfin, c'est à un bon législateur de prévenir les inconvéniens; c'est ce que fera le Code judiciaire qui va être publié.

Oui, Messieurs, je vous garantis un Code judiciaire net, simple, affranchi de tout verbiage, de toutes formalités inutiles.

Des inculpations arbitraires peut-être lui ont déjà été faites, mais un peu de temps, un peu d'expérience saura les détruire.

La France avait bien la célèbre ordonnance de Louis XIV, de 1667 (3), et en eut aussi d'autres bien bonnes dans les temps postérieurs, toutes méditées par des personnes les plus savantes et d'un rare mérite. Cependant, ces hommes, quelque grands qu'ils fussent, ne le furent pas assez pour perfectionner cet ouvrage, il fallait encore un génie supérieur, l'astre du jour.

Par ces deux Codes, civil et judiciaire, nous voilà

---

(1) Voyez les observations préliminaires des rédacteurs du projet de Code de procédure civile, pag. 1.

(2) *In Euthydemum.*

(3) M. de Lamoignon, alors premier président, y eut beaucoup de part.

bien à l'abri d'anciennes censures. Un Favre (1), un Terrasson (2), un Gravina (3), un Muratori (4), un Filangeri (5) et autres, ne pourront désormais nous faire les reproches dont ils nous accablaient autrefois, et l'on n'osera plus nous contester la gloire d'avoir vaincu tant de préjugés et d'avoir réparé le mal qu'on déplorait alors.

Sans doute, Messieurs, par de tels ouvrages si sagement combinés dans ces derniers temps, nous voici à la veille d'une heureuse amélioration judiciaire, bien entendu d'une amélioration en tant qu'elle tient en général à l'objet important de l'État et à l'ordre civil et social.

Pour le reste, tous ceux qui connaissent quelque peu la marche des matières contentieuses, doivent être convaincus que tel désir d'un gain immodéré, telles ruses, telles manœuvres, sont bien souvent hors la disposition des lois pénales, et n'ont d'autres juges que Théophraste et la Bruyére; heureux celui qui puise leur doctrine dans son sein, sans la chercher dans leurs livres!

Passons maintenant à déployer les motifs des articles qui sont à notre charge, concernant le titre

---

(1) *De erroribus pragmaticorum.*

(2) Histoire de la jurisprudence romaine.

(3) *De origine juris.*

(4) *De Diffetti della Giurisprudenza.*

(5) *Della legislazione*, tome I, pag. 80, 81, 93 et 94, édition de Gènes, 1798.

des arbitrages, soit compromis, et quelques dispositions générales, ce qui forme en entier le Liv. III de la II.e Partie.

Le compromis est un moyen accéléré, tranquille et honorable de finir beaucoup de procès, où des circonstances, même fâcheuses, pourraient nous avoir amené (1); il est aussi moins dispendieux.

L'usage des compromis et des arbitres remonte à des siècles bien reculés; il en est parlé dans le Digeste par un titre particulier (2). Il en est de même dans le Code de Justinien (3); et c'est là aussi où nous apprenons (4) que dans les matières civiles, les laïcs pouvaient *in episcopum quasi arbitrum et cognitorem compromittere : ejusque judicium firmum erat* (5).

---

(1) *Compromissum ad finiendas lites pertinet*, L. 1, ff. *de receptis*.

Compromissum est conventio quâ litigantes promittunt se parituros sententiæ arbitri qui hoc negotium in se recepit : Pand. Just. Paris, tom I, pag. 150, col. 1.

(2) Lib. IV, tit. VIII, *De receptis, qui arbitrium receperunt ut sententiam dicant.*

(3) Lib. II, tit LVI, *De receptis arbitris.*

(4) L. VII, Cod. *De episcopali audientiâ, cum notis Gothofredi.*

(5) Les empereurs ont d'abord établi les évêques arbitres nécessaires des causes entre les clercs et les laïcs; ils décidaient sans procédure les affaires ecclésiastiques qui étaient portees à leurs tribunaux, et ils n'étaient regardés

Le compromis est un contrat comme tout autre quelconque; il est donc obligatoire dès sa stipulation (1); c'en est un principe bien incontestable.

De là il résulte que, pendant le délai de l'arbitrage, les arbitres ne peuvent être révoqués que du consentement unanime des parties (2), et qu'ils ne peuvent être récusés, si ce n'est pour cause survenue depuis le compromis (3).

Ces principes, disais-je, sont incontestables; néanmoins il fut quelqu'un, d'ailleurs très-éclairé et très-bon philosophe (4), qui n'a pas hésité à les combattre.

La loi, disait-il, ne devrait pas s'occuper des compromis, leur usage n'est que la satyre de l'administration judiciaire; il convient d'obliger les citoyens à ne reconnaître pour juges que les ministres de la loi; les citoyens ne sont obligés de se soumettre qu'aux juges qu'elle leur donne; pourquoi les forcerait-on de déférer à ceux qu'ils se choisissent eux-mêmes, et ne laisserait-on pas à chacun le droit de leur retirer sa confiance? faute de cela, on ne pourrait compromettre sans aliéner sa liberté.

---

alors que comme des arbitres et d'amiables compositeurs. Héricourt, lois ecclésiastiques de France, pag. 18, 91 et 131, édit. de Paris, 1748.

(1) *Pand. Just.* Paris, tom. I, pag. 150, col. 1 et pag. 151, col. 1, not. D.

(2) Art. 1008.

(3) Ainsi qu'il est dit art. 1014.

(4) Feu M. Mounier, conseiller d'État.

Mais on lui observait (1), que le compromis étant une convention, elle doit, comme les autres, recevoir les régles de la loi et lier les parties. La liberté n'est pas plus aliénée dans un compromis que dans tout autre contrat. Tout homme use de sa liberté, ensuite il se trouve engagé, mais parce qu'il l'a voulu.

La réponse ne pouvait-être ni plus satisfaisante, ni plus juste (2).

« Toutes personnes, dit l'article 1003, peuvent » compromettre sur les droits dont elles ont la » libre disposition». C'est une suite de la régle du droit commun : *illi possunt compromittere qui possunt efficaciter obligari* (3).

Par exemple, la femme, le pupille, le mineur, *non possunt efficaciter obligari*, *stare ergo non potest compromissum* (4).

« On ne peut compromettre sur les dons et legs » d'alimens, logement et vêtement, article 1004 ». Voilà une prévoyance bien sage et bien humaine; aussi, avions-nous déjà la loi 8 *in principio* ff. *de transact.* ainsi conçue : *cum hi quibus alimenta relicta erant facilè transigerent, contenti modico præsenti, D. Marcus oratione in senatu recitatâ*

---

(1) M. Treilhard, conseiller d'Etat.

(2) Voyez la loi 17, § III, ff. *Commodati;* et la loi 12, § XI, ff. *Mandati.*

(3) *Pand. Just.* Paris, tom. I, pag. 151, col. 1.

(4) *Pand. Just.* Paris, tom., pag. 151, col. 1.

effecit ne aliter alimentorum transactio rata esset, quàm si auctore Prætore facta.

« On ne peut compromettre sur les séparations « d'entre mari et femme, divorces, questions d'état, « ni sur aucune des contestations qui seraient sujettes à communication au ministère public (1) ». Des principes généraux nous persuadent la justesse de cette disposition, *de liberali causâ compromisso facto, rectè non compelletur arbiter sententiam dicere, quia favor libertatis est ut majores judices habere debeat.* (2).

De liberali causâ, dit le jurisconsulte. Or, c'est bien à ce principe ou à autre pareil, qu'il faut rapporter les matières et causes susdites; c'est bien sous cet aspect qu'il faut les envisager; ne serait-ce pas de *liberali causâ compromittere*, s'il s'agissait de savoir si un homme est légitime, ou s'il ne l'est pas ?

L'importance de la cause, dit le jurisconsulte, exige *ut majores judices habeat.* C'est donc de ce principe qu'il résulte que toutes ces affaires dont la communication au ministère public est forcée, c'est-à-dire, que par force de la loi, elles doivent être communiquées au ministère public, sont d'une nature *ut majores judices habeant*, et par conséquent ne sont pas susceptibles de compromis.

---

(1) Art. 1004.

(2) L. XXXII, § VI, ff. *De receptis.* L. *ult. Cod. ubi causa statûs agi debeat.*

S'il

« S'il est formé inscription de faux, même purement civile, ou » s'il s'élève quelque incident criminel, les arbitres délaisseront les parties à se » pourvoir, et les délais de l'arbitrage continue» ront à courir du jour du jugement de l'incident (1). »

L'on a fort bien remarqué (2) qu'on ne peut mettre en arbitrage certaines causes que les lois et les bonnes mœurs ne permettent pas qu'on expose à un autre événement qu'à celui que doit leur donner l'autorité naturelle de la justice, et qu'on ne peut compromettre sur des matières criminelles, comme d'une fausseté et d'autres semblables (3), car ces sortes de causes renferment l'intérêt public qui y rend partie le procureur impérial, dont la fonction est de poursuivre la vengeance du crime indépendamment de ce qui se passe entre les parties.

Le compromis *ad similitudinem judiciorum redigitur* (4). Le compromis *judicium imitatur* (5), c'est le langage des jurisconsultes.

» Les parties, donc, et les arbitres suivront dans

---

(1) Art. 1015.

(2) Domat, tom. I, tit. XIV, des compromis, art. 16, pag. 151.

(3) L. XXXII, § VI. ff. *De receptis.*

(4) L. I, ff. *De receptis qui arbitrium receperunt ut sententiam dicant.*

(5) L. XIV, *Cod. de judiciis.*

» la procédure, les délais et les formes établis pour » les tribunaux, si les parties n'en sont autrement » convenues (1). » Et du même principe il s'en suit également que « les arbitres et tiers-arbitres » décideront d'après les règles du droit, à moins » que le compromis ne leur donne pouvoir de » prononcer comme amiables compositeurs, arti- » cle 1019.

Il est ici à noter que tous ceux qui ont accepté le compromis, sont appelés arbitres ou arbitrateurs, ou amiables compositeurs (2). Notez aussi que quoique des auteurs Français nous aient dit (3) qu'entre arbitres, arbitrateurs et amiables compositeurs, il n'y avait chez eux aucune différence, d'autres Français nous ont depuis observé (4) que proprement, l'arbitre est dit celui qui doit juger selon la rigueur du droit, et suivre l'ordre judiciaire; et l'arbitrateur, celui qui peut juger d'équité sans être astreint à suivre l'ordre judiciaire.

Même, ont-ils ajouté (5), qu'en France, les arbitres étaient plutôt arbitrateurs et amiables compositeurs, que vrais arbitres, c'est-à-dire, obligés à suivre la rigueur de la loi.

---

(1) Art. 1009.

(2) Despeisses, tom. III, tit. XI, section I, n. 2, édition de Lyon, 1685, pag. 64.

(3) Entre autres, Rebuffe, Languedocien, *de arbitr. glossa* 3, *n.* 8.

(4) Despeisses, page 64, précitée. Il était aussi Languedocien.

(5) *Idem. n.* 2, *in fine*, page 64.

« Les parties pourront, lors et depuis le com- » promis, renoncer à l'appel (1). »

La disposition est très-sage en soi-même, et il n'est besoin de discours pour la démontrer telle. Abondamment, pourrait-on alléguer qu'elle est basée sur deux lois du Digeste et du Code (2), où il est dit formellement que la sentence de l'arbitre est obligatoire quelle qu'elle soit, juste ou injuste, et qu'il n'est pas permis d'en appeler.

Il est plusieurs cas qui mettent fin au compromis. C'en est un, le partage d'opinions, si les arbitres n'ont pas le pouvoir de prendre un tiers-arbitre; c'est ce que dit l'article 1012. Voilà pourquoi il est bon que, dans le compromis, il soit donné aux arbitres la faculté de prendre un tiers; il est bon, en outre, que les parties aient le soin de nommer ce tiers, parce qu'il pourrait arriver

---

(1) Art. 1010.

(2) *Stari debet sententiæ arbitri quam de re dixerit, sive æqua, sive iniqua sit, et sibi imputet qui compromisit.* L. XXVII, § 2 ff. *de receptis*, etc.

Ex sententia arbitri ex compromisso jure perfecto aditi appellari non posse sæpè rescriptum est, quia nec judicati actio inde præstari potest, et ob hoc invicem pœna promittitur, ut metu ejus a placitis non recedatur. L. I. *Cod. de receptis arbitris.*

Mais remarquez bien que ces deux lois d'Ulpien et d'Antonin, se trouvent en contradiction avec la loi IX ff. *qui satisdare*, où le jurisconsulte Gaius nous dit : *Arbitro ad fidejussores probandos constituto, si in alterutram partem iniquum arbitrium videatur, perindè ab eo atque ab judicibus appellare licet.* Suit la glosse, et dit : *Imò non licet.*

que les arbitres mêmes fussent divisés pour le choix de ce tiers-arbitre (1).

L'on a dit à l'article 1037, « qu'aucune signification ni exécution ne pourra être faite, depuis » le premier octobre jusqu'au 31 mars, avant six » heures du matin, et après six heures du soir; » et depuis le premier avril jusqu'au 30 septembre » avant quatre heures du matin, et après neuf » heures du soir ».

Il est de ceux qui n'ont pas partagé entièrement cette opinion; ils auraient préféré l'ancienne règle, *avant le lever et avant le coucher du soleil.* Mais quoi qu'il en soit d'une telle différence, il est toujours vrai que cette disposition est tirée de la fameuse loi des douze tables (2).

Le même article 1037 porte aussi « qu'aucune » signification ni exécution ne pourra se faire les jours de fêtes légales ». Notez, Messieurs, sont fêtes légales, le dimanche et toutes les autres fêtes autorisées par le Gouvernement (3).

---

(1) Domat, tom. I.er liv. 1, tit. 14 des compromis, pag. 150.

(2) *Gothofredus fragmenta legum duodecim tabularum, tabula prima.*

Même chose à peu près avait été satuée dans le Code du roi de Sardaigne, liv. III, titre 3, § 20.

(3) Voyez les articles organiques de la convention du 26 messidor an IX, tit. 3 du culte, § 41. *Ibi*, « aucune fête à l'exception du dimanche, ne pourra être établie sans la permission du Gouvernement.

Et l'arrêté des consuls du 19 germinal an X, qui ordonne la publication de l'indult, 9 avril 1802, concernant les jours de fêtes.

Cette expression de fêtes légales nous rappelle une espèce de fêtes bien connues chez les Romains, sous le nom de *feriæ repentinæ*, ainsi appelées, parce qu'elles étaient du moment. Des succès brillans, une victoire remportée les faisaient éclore, *pro re notâ indicebantur* (1). Le droit d'ordonner ces féries était réservé au seul prince ; *undè etiam imperiales dictæ* (2).

Telles sont, Messieurs, les fêtes augustes d'alégresse, de récompense et d'amour après lesquelles la nation soupire.

Ce que nous avons dit jusqu'ici n'est qu'une simple paraphrase des articles précités; nous allons à présent vous en donner une lecture complète ainsi qu'il suit, depuis l'article 1003, jusques et compris l'article 1042.

---

(1) *Putà, ob res prosperè gestas*. Pand. Just. Paris. tom. I.er pag. 58.

(2) Pand. Just. même pag. 58.

TABLE

DES MATIÈRES CONTENUES DANS CE VOLUME.

www.ingramcontent.com/pod-product-compliance
Ingram Content Group UK Ltd.
Pitfield, Milton Keynes, MK11 3LW, UK
UKHW031840260826
14628UKWH00001B/499

9 782329 333069